끝까지 증언하는 사람: 빅토르 클렘페러 읽기

조르주 디디-위베르만
김홍기 옮김

KB249323

wo
rk
ro
om

"그들이 나를 현관 의자에 억지로 앉혔다. 나는 모든 걸 보아야 했고 모든 걸 들어야 했으며, 나의 일기 때문에 끊임없이 떨렸다. 나는 무거운 그림들을 떼어내는 걸 도와야 했다. 그때까지 나한테 가혹한 일이라곤 없었다. […] 내가 위험에서 벗어나 있다고 생각하던 차에, 『20세기의 신화』와 그 옆의 내 메모들이 파국을 일으켰다. 지난번에는 더 직급이 높아 보였던 공무원이 이 책과 내가 붙인 주석들에 거의 아무런 반응도 하지 않았다. 이번에는 그것들이 중한 범죄가 되었다. 그들은 그 책으로 내 머리를 내려쳤고, 내 따귀를 때렸으며, 우스운 밀짚모자를 내 머리에 눌러씌웠다. […] (이번에도 따귀와 발길질은 견딜 만했다―하지만 장차 벌어질 수 있는 일을 앞둔 내 가련한 심장과 불안이란!) […] 그리고 우리는 최악의 겁박을 당하며 이 책을 반납해야만 했고 더 이상은 도서관에 드나들 엄두를 내지 못하게 됐다. […] 오늘 하루 종일 나는 매우 상심했다. 점점 거세지는 죽음의 위험, 옥죄어 오는 압박감, 잔혹한 불안감이 무겁게 압박을 가했다. 이제, 저녁 무렵이 되자 나는 조금 진정이 되었다. 이렇게 계속되어야만 한다. 나는 어떤 값진 읽을거리를 꼭 찾아낼 것이고, 기필코 일기를 써나갈 것이다. 나는 끝까지 증언하기를 원한다."
―빅토르 클렘페러, 『일기』, 1942년 6월 11일.

"그에게 감동적인 것은, 감동적이다."
―고트홀트 에프라임 레싱.
한나 아렌트, 「어두운 시대의 인간성」(1959)에서 재인용.

서지 사항

이 책에 실린 글은 원래 『정서적 사실들』(Faits d'affects)이라는 보다 방대한 철학적 작업에 들어갈 하나의 장(章)으로 구상된 것이었다. 빅토르 클렘페러의 『일기』라는 만화경 같은 글을 오로지 요약만 한다면 빚어졌을 부조화, 가급적 이 독특한 글쓰기의 '살'로 들어가야 할 필요성, 바로 이런 이유들로 지금의 새로운 형식이 만들어졌다. 또한 독서를 가정해 본다면 이 형식이 『흩어진』(Éparses)이라는 제목으로 앞서 출간된 에마누엘 린겔블룸에 관한 에세이와 공명을 이룬다는 이유도 있다. [옮긴이―이 책이 프랑스에서 출간된 2022년에는 근간 예정이었던, '정서적 사실들'에 관한 철학적 작업은 이후에 다음과 같은 두 권의 책으로 출간되었다. Georges Didi-Huberman, *Brouillards de peines et de désirs. Faits d'affects*, 1, Paris, Éditions de Minuit, 2023; id., *La Fabrique des émotions disjointes, Faits d'affects*, 2, Paris, Éditions de Minuit, 2024.]

일러두기

원어 병기는 원서를 따랐으며, 이탤릭은 권점으로 표시했다.

7   정서의 독재에 대하여: '하지만은 없다'

13   분열, 나눔, 격리

19   빅토르 클렘페러, 전체주의 언어의 문헌학자

31   나눔, 응시, 저항

43   비판적 결단: 추악한 언어를 듣기

51   민중의 목소리는 존재하는가?

57   잇따른 탄압

67   정서적 사실의 글쓰기

75   곤경과 욕지기가 분기할 수 있도록

89   윤리적 가능성에 대하여: '하지만 …은 있다'

97   "내 연필을 따라 기어올라 지옥에서 벗어나기"

107   희망의 시간을 찾아서

123   이야기가 자원이 될 수 있도록

139   옮긴이 해제

       감정의 증언, 징후의 몽타주

정서의 독재에 대하여: '하지만은 없다'

감정들이 우리를 나눈다. 아마도 바로 이것—감정들, 나눔—이 우리가 그토록 자주 타인과 나누고 싶어 하는 것이리라. 어떤 감정이 차올라 표현되고 폭발할 때, 그 감정은 먼저 무슨 일을 하는가? '자아'의 단일성을 분열시키는 일이다. 자아의 모습을 조각내고 영혼과 신체의 온전한 체제를 깨뜨리는 일이다. 모든 것의 짜임새가—자기 안으로든, 자기 밖으로든—이쪽에서 저쪽까지 뒤흔들리게 된다. 그것은 미미할 수도 있고(단순한 균형의 흔들림), 과도할 수도 있다(거대한 미지의 분출). 감정은 세계의 조직에 뉘앙스나 주름을 가할 수 있다. 즉, 그 조직을 일시적으로 구기거나 영구적으로 찢을 수 있다. 거의 알아챌 수 없는 모래알을 덧붙이거나 환경 전체를 총체적으로 붕괴시킬 수 있는 것이다. 감정들을 그 끝까지 이해하기가 어렵다면, 심지어 감정들을 단순히 기술하는 것조차 어렵다면, 그 까닭은 감정들의 즉각적인 사건(événement)이 거의 언제나 복합적이고 심층적인 징후(symptôme)로 이중화—혹은 이분화—되기 때문이다. 감정이란 단지 어떤 순간에 주먹으로 탁자를 내리치는 억누를 수 없는 몸짓인 것만은 아니다. 그것은 또한 분노가 이런 몸짓까지 가닿고 넘어서는 경로를 따라 유발된 지속 전체이기도 하다. 그러므로 이 분노의 그 무엇도 단순하지 않다. 그것이 여전히 모든 심리적 변이들을 전제하고 있고, 이를 바탕으로 그런 몸짓이 불쑥 돌출하는 것이기 때문이다.

흔히 감정은 어떤 분출, 어떤 몸짓으로 표현된다. 하지만 감정은 그 뒤편에 있는 다른 많은 기복, 다른 많은 구덩이나 풍경, 즉 다른 정서의 상태들로 이뤄진 숲을 언뜻 보이게 한다. 나는 분노한다. 하지만 내가 주먹으로 탁자를 내리칠 때 눈앞에 있는 사람에 대한 애정이나 존중은 언제나 고스란히 존재한다. 많은 것들이 내 과잉된 몸짓의 배후로 물러나서—그럼에도 불구하고 현존하며 유효하게—있다. 감정이란 말해지지 않은 모든 것, 모든 뉘앙스를 받아들이는 발화와 같은 것인지도 모른다. 각각의 '정서적 사실'(fait d'affect)마다 적어도 두 개의 의미가, 적어도 두 개의 감정이 존재한다. 감정의 풍요로움 자체—감정의 자유로운 부분이라 말할 수도 있으리라—가 하지만이라는 반대의 동기나 반대의 몸짓을 한결같이 호출한다. 그것이 내부에서 우리를 나눌 뿐만 아니라, 또한 은밀하게든 요란하게든 타인에게 전달된다. 우리는 누군가를 비난한다. 하지만 은밀하게 그에게 감탄한다. 우리는 그에게 감탄한다. 하지만 말해지지 않은 경쟁심과 공격성의 스펙트럼이 드러난다. 우리는 과감하게 즐거움을 누린다. 하지만 몹시 두려워한다. 우리는 겁을 집어먹는다. 하지만 뻔뻔하게 도발한다. 우리는 부끄러워 낯을 붉힌다. 하지만 관능의 몸짓을 꾸민다. 우리는 절망한다. 하지만 끈질기게 욕망의 노선을 따른다.

많은 위대한 글쓰기가 이런 이분화된, 미묘한, 역설적인 또는 변증법적인 감정들의 광대한 색견본을 수립할 줄 알았다는 특징을 지닌다. 이는 최소한의 고전적인 문구 "가라고, 난 당신을 전혀 증오하지 않아…"—부정문 그 이상인 문구, 거의 아무것도 말하지 않으면서 많은 것을 말하는 이 "가라고"에서만 보더라도 곡언법 그 이상인 문구—부터 프루스트의 무한히 변화하고 (cangiante) 아롱거리는 정서적 경험의 세계까지 이어질 것이다. 이 세계가 '감정'이라는 비사물과 맺는 관계는, 모네의 회화 전체가 '꽃', '풀', '물', '하늘' 등의 비사물과 맺는 관계와 같을 것이다. 즉, 이것은 무한히 증식하는 변이와 차이에 대한 미물학(微物學) 또는 미세학(微細學)이다. 그러므로 동일한 감성적 삶의 감각적이고 또한 감정적인 뉘앙스들에 대한 것이다.

다른 글쓰기의 장르들—대체로 가장 '어두운 시대'에서 유래한 증언들—은 절박함을 내보이며 거꾸로 질문을 제기했다. 하지만 없는 감정이란 무엇이겠는가? 어떠한 글쓰기가 그런 감정의 존재 방식을 이해하고 분해할 수 있겠는가? 나는 『이것이 인간인가』의 2장에서 프리모 레비가 전한 이야기의 거의 통과 의례적인 유명한 대목을 기억한다. "갈증에 시달린 나는 어느 창문 밖 난간의 근사한 얼음을 찾아낸다. 창문을 열고 얼음을 떼어내기가 무섭게 밖에서 순찰하던 키 크고 뚱뚱한 사내가 다가와 거칠게 얼음을 빼앗는다. 나는 떠듬떠듬한 독일어로 '왜냐고'(Warum) 묻는다. 그는 나를 안으로 가차 없이 떠밀며 '이곳에 왜냐고는 없다'고 답한다. 설명은 괴상하지만 단순하다. 이곳에서는 모든 것이 금지되어 있다는 얘기다. 알려지지 않은 이유가 있어서가 전혀 아니라 정확히 이것이 수용소(Lager)의 온전한 존재 이유이기 때문이다."[1] 수용소라는 장소가 탁월한 왜냐고 없음의 장소인 것과 마찬가지로, 전체주의 공간은—사회적, 정치적, 행정적, 법률적, 일상적, 정념적 측면에서—본성상 인간의 감정에 부과된 하지만 없음의 장소일 거라는 가설을 세워 볼 수 있지 않을까? 이러한 윤리적 질문은 보다 인류학적인 차원의 또 다른 질문을 내포하고 있다. 우리의 정서적 사실의 하지만을 받아들이느냐 거부하느냐에 따라 적어도 두 가지 방식이, 분열—내부심리적 분열 또는 상호주관적 분열—을 경험하는 대립된 두 가지 방식이 존재하지 않겠는가?

하지만을 받아들인다는 것은, 감정이 우리를 분열시킬 때 우리를 우리 자신으로부터 끄집어내어 타인에게 향하게 한다는 것을 의미한다. 우리가 닫히지 않게 한다는 것이다. 나눔(partage)이라는 단어의 역량이 여기서 구성상의 분리(따로의 몫[part])와 필연적인 공유(함께의 몫[part])를 결합시킨다. 그러므로 내부에서 우리를 나누는 것은, 우리를 밖으로 움직여 타자를 향하게 하고, 우리를 함께 움직여 타인과 같이하게 한다. 이러한 제스처 속에서 우리는 타자성뿐만 아니라 우리 자신의 타자화를 받아들인다. 우리는 확실히 분열되지만, 그렇다고 세계나 타인으로부터 격리되지는 않는다. 요컨대, 하지만을 받아들인다는 것은 우리의 정서적 사실들이 구성상 취약하다는 편에서—취약함에도 불구하고—입장을 정한다는 것으로 귀착될 수 있다. 정서적 사실들의 소란한 복합성을 수용한다는 것이다.

그 반대의 태도는 이런 취약성, 이런 복합성을 부인하

---

1   프리모 레비, 『이것이 인간인가』(1947), 이현경 옮김,
     파주: 돌베개, 2007, 38쪽.

고, (둘 이상의 거점 사이에서) 입장을 정하는 모든 행위를 (오로
지 한쪽으로만) 파벌을 정하는 행위로 경직시키는 것이다. 이 태
도는 하지만 없음, 즉 뉘앙스 없음, 망설임 없음을 선택할 것을 요
구한다. 이 태도는 감정이 뉘앙스의 줄 위에서 춤출 때 감정의 불
안을 감소하고자 한다. 그렇지만 확실성이나 권력(pouvoir)에서
얻는 것이란, 곧이어 타자성이나 역량(puissance)에서 잃게 되는
것이다. 하지만 없는 정서는 모든 타자성으로부터 맹렬하게 삭제
되고 격리된다. 자비 없이, 용서 없이, 여지없이⋯. 이것은 배제와
감정의 순수한 쟁투로 이루어진 정서이다. 이것은 감정과 감정 간
의 대화─청취─일 수 있는 것의 모든 가능성을 차단한다. 그러기
위해서 이 정서는 고유한 표현과 고유한 의미를 최대한 단순화하
고, 저것에 대해 아무것도 알려고 하지 않을 이것에 관한 모든 언
어를 고정시켜야 한다. 더 이상 뉘앙스는 없다. 정서적 사실에 내
재한 유동성은 자기 자신을 확신하는 감성의 붙박이 덩어리가 된
다. 모든 다른 감정은 적의 감정이 된다.

　　　　이렇게 확립되는 것이 정서의 독재이며, 바로 이것을
실제의 독재─역사적, 정치적 독재─가 끊임없이 활용해 왔다. 일
찍이 투퀴디데스는 『펠로폰네소스 전쟁사』의 유명한 대목에서
내전이 상당한 단계에 이르러 최악의 독재적 의지와 더불어 최악
의 정념이 휘몰아치는 순간을 강조했다. 그가 기술하는 것은 다름
아닌 막대한 심리적 징후와 범죄적 욕망의 집합, "탐욕(pleonex-
ía)과 개인의 야심(philotimía)이 불어넣는 권력욕"[2]으로 유지되

2　투퀴디데스, 『펠로폰네소스 전쟁사』,
　　천병희 옮김, 고양: 도서출판 숲, 2011, 288쪽.

는 모든 것이다. 투퀴디데스는 곧바로 다음과 같은 결정적 사실을 역설하고자 한다. 즉, 이런 현상의 병리적 내용은, 윤리적 가치가 정서적 가치로부터 완전히 끊기고 이와 더불어 단어의 의미, 언어의 품격 자체가 상실된다는 점에서 감지된다는 것이다. "사람들은 행위를 형용하는 데 쓰이는 단어들의 통상적인 의미를 자의적으로 바꾸기에 이르렀다. 만용이 용기와 파벌에 대한 헌신으로 간주[됐고,] 충동적인 무모함이 남자다움을 보증하는 특징으로 통했다. [⋯] 매번 과격파가 신뢰를 받았고, 그들과 대립하는 자들은 의심을 받았다. [⋯] 이제는 친족보다 파벌의 동지가 더 돈독한 연대감을 갖게 했는데, 왜냐하면 동지들은 망설이지 않고 무엇이든 저지를 준비를 갖췄기 때문이다. 이런 연합의 목적은 적법한 수단으로 구성원들의 이익을 보호하려는 것이 아니라 법을 무시하면서 개인적인 야심을 채우려는 것이었다. [⋯] 도시의 파벌을 이끄는 지도자들은 혹하는 강령을 채택했고, [또한] 반대파에게 승리하기 위해서 온갖 수단을 가리지 않았고, 최악의 중죄들도 마다하지 않았다. [⋯] 강제로 권력을 탈취한 그들은 당장의 증오심을 충족시키기 위해 무엇이든 할 준비가 되어 있었다. 그 어느 누구도 양심에 구애받지 않았고, 가증스러운 기획을 미사여구(euprepeía logou)로 가리면서 완수할 줄 아는 사람들이 명망을 드높였다."3

---

3   위의 책, 287-288쪽.

분열, 나눔, 격리

모든 실제적 독재의 기저에는, 그에 상응하는 정서적 독재가 있다. 공적 공간에서 정서적 독재를 표명하는 것은 언어의 특정한 용법이다. 이를테면 하지만 없음, 곧이어 왜냐고 없음…. 자기 자신의 감정을 듣는 사람은 동시에 그 감정에 대해 질문—무엇을? 어떻게? 왜?—을 던지고, 그런 와중에 나눔과 하지만의 언어를 말한다. 그러나 자기 자신의 감정을 자기 자신과 타자에게 강제로 부과하려는 사람은 전혀 다른 언어를 말한다. 의미의 덩어리들이 서로 맞서는, 뉘앙스 없는 격리의 언어를 말하는 것이다. 그러므로 언어의 이 두 가지 용법 및 그 두 가지 정서적 체제가 각각의 의미론과 구문론을 통해 갈라지며, 이질적인 심리 기능에 따라 용법들의 기표를 조직한다. 지그문트 프로이트가 일찌감치 이 차이를 문제로 삼으려 했다는 것은 놀랄 일이 아니다. 그는 그의 임상과 이론 전체에 걸친 기간 동안 이 문제로 회귀하게 되는데, 이는 그가 보기에 이 모든 게 인류학이나 '메타심리학'의 근본적인 패러다임에 연관된 것이었다는 징표다.

프로이트가 애초에 몰두했던 것이 바로 모든 정신
(psyché)의 분열이다. 균열들이 우리 안에서 열리는데—그리고
이로부터 징후들이 솟아나는데—왜냐하면 우리는 언제나 우리 갈
등의 노리개이기 때문이다. 이것이 우리를 구성하는 요건이다.
즉, 우리는 분리되어 탄생하고, 분리되어 성장하고, 분리되어 사
유하고, 분리되어 행위한다. 이처럼 프로이트는 1894년 출간한
초창기 논문에서 이런 구조가 끌어들이는 "의식 분열"(Bewußt-
seinsspaltung) 및 "의식 내용"(Bewußtseinsinhalte) 분열에 관한
근본 가설을 제기했다. 이는 특히 감정의 영역—그러므로 행동과
언어의 영역—에 해당하는데, 문제시되는 분열이 심리적 표상을
그 애초의 정서로부터 실상 고통스럽게 갈라놓기 때문이다. 그리
하여 한편으로 "잘못된 연결"이, 다른 한편으로 "양립 불가능성"
이, 결과적으로 징후들이 만들어진다.[1]

그러나 임상 관찰을 거치면서 프로이트는 이 단계부
터 이런 분열(Spaltung)이 차별적으로 작동함을 확인하게 되었
다. 적어도 두 가지 분열되는 방식이 존재한다. 첫 번째 방식에서,
자아는 "억압"(Verdrängung)을 통해 스스로를 "방어"한다. 표상
은 거부되나, 정서는 전치되어 잔존하므로 불가해하거나 "징후적
인" 방식으로 표현된다. "자유로워진 정서는 여타의 표상들에 들
러붙는다."[2] 이 상황은 결과적으로 자아를 "억압된 것의 회귀"라

1   Sigmund Freud, "Les psychonévroses de défense"(1894),
     trad. J. Laplanche, *Névrose, psychose et perversion*,
     Paris, PUF, 1973 (éd. 1978), p. 2 et 6.
2   Ibid., p. 6.

는 상존하는 위험에 처하게 만든다. 이것이 모든 신경증의 처지다. 또 다른 분열되는 방식은 훨씬 더 근본적이다. 이 방식은 정신병의 동정 없는 세상으로 가닿는다. 프로이트는 이때 "자아는 견딜 수 없는 표상과 동시에 그 정서도 거부한다(verwirft)"고 말한다.3 여기서 분열은 갈등의 현실과 나눔의 양가성을 더 이상 인정하지 않는다. 즉, 분열은 일방통행로를, 죽음의 운명과도 같은 격리를 부과한다. 회귀라곤 없으므로 프로이트는 이것을 억압과 차이를 두어 "삭제"(Verwerfung)라고 명명하게 된다.

이 차이는 많은 경우들 중에서도 『늑대 인간』의 사례에 등장한다. 프로이트는 늑대 인간이 거세의 의미에 "억압"을 겪게 했다기보다는 그것을 "거부했다"(verwarf)고 말한다. "이로부터 그것이 존재하느냐는 물음에 대해 어떠한 판단도 내려지지 않았고(kein Urteil über ihre Existenz), 마치 그것[거세]이 존재하지 않는 것마냥 사태는 흘러갔다."4 이것이 말하는 바가 정신병의 입구에는 판단이 없다(정신의 불안이 없다)는 것이며, 마찬가지로 하지만이 없다(정서의 불안이 없다)는 것이 아닐까? 라캉이 신경증과 정신병 각각의 과정에 관한 프로이트의 구별, 즉 한편의 억압과 다른 한편의 "삭제"(1956년 라캉의 페어베어풍[Verwerfung]에 대한 번역어)나 "배제"(이후 라캉의 번역어)로부터 도출한 이론적 교훈들은 모두 익히 알려져 있다.

이를테면, 억압 속에서는 모든 것이 "계속 지나간다"―

3   Ibid., p. 12.
4   지그문트 프로이트, 「늑대 인간: 유아기 신경증에 관하여」(1918), 김명희 옮김, 『늑대 인간』, 서울: 열린책들, 2003, 296쪽.

그게 "힘들게 지나간다"거나 "나쁘게 지나간다"일 때조차도. 하지만 삭제 속에서는 도통 "아무것도 지나가지 못한다", 즉 "더는 지나가지 못한다"는 것이다. 따라서 라캉은 "억압은 억압된 것의 회귀와 구분될 수 없으며, 그 회귀를 거쳐 주체는 말할 수 없는 것을 자기 존재의 모든 모공(毛孔)을 통해 외치게 된다"고 주장했다.[5] 반면에 "삭제는 [⋯] 상징적 질서의 모든 표명을 중단시킨다"고 주장했다.[6] 주체는 "주체가 이렇게 삭제한(verworfen)" 것을 모든 말로부터, 모든 "존재를 향한 개시"로부터—그러므로 타인을 향한 개시로부터 독재적으로 격리시킨다.[7] 정신병의 전형적인 과정은 말이 금지된 것이 실재 안에서 솟아나게 되는 것인데, 예컨대 일찍이 투퀴디데스가 환기한 "실제적 독재"의 형태 아래에서 솟아나게 되는 것이다. "상징계에서 드러나지 않은 것이 실재 안에서 출현하며, [실재가] 말로부터 기대하는 바는 아무것도 없다"고 라캉은 말한다.[8] 그는 정신병에 관한 1959년의 글—1955-1956년의 세미나에서 비롯되어 1957-1958년에 집필된 글—에서 다음과 같이 사태를 표현한다. "그러므로 페어베어풍(Verwerfung)은 우리에게 기표의 배제로 간주될 것이고, [⋯] 이런 형식 아래에서만 우리는 슈레버가 우리에게 그 귀결을 제시한 어떤 손상, [그가 일

5 자크 라캉, 「프로이트의 '부인'(Verneinung)에 관한
   장 이폴리트의 논평에 대한 답변」(1956), 조형준
   옮김, 『에크리』, 서울: 새물결, 2019, 458쪽.
6 위의 글, 459쪽.
7 위의 글, 460쪽.
8 같은 곳.

컫기로는] '영혼 살해'(Seelenmord)라는 손상을 파악할 수 있다."9

　여기서 편집 정신병에 대한 참조는 전혀 우연한 일이 아니다. 이로써 프로이트의 페어베어풍(Verwerfung) 개념이 편집증에 관한 라캉의 초창기 글의 역사 자체에 기입된다. 그 시작은 그의 1932년 의학박사 논문이었다.10 더욱이, 어쩌면 라캉은 그에게 정신병의 문제가 1930년대라는 역사적이고 정치적인 맥락에서 등장했음을 기억했을 것이다. 당시는 부상한 파시즘이 편집증적 메시지와 '영혼 살해'와 말의 금지를 그악스레 부과했고, 뒤이어 정치 군사 조직의 '실제적 독재'를 통해서 온 주민의 단적인 살해가 실재 안에서 일어났다. 앞서 프로이트 자신도 겉으론 유보적이고 비정치적이었으나 상징계의 배제가 최악의 정서적 사실들과 최악의 정치적 효과들을 유발하는 여러 방식에 관한 잇따른 성찰을 통해서 당대의 독재적 사건들에 어김없이 대응했다. 1915년의 「전쟁과 죽음에 대한 고찰」부터 1921년의 「집단 심리학과 자아 분석」까지, 그리고 1927년의 「환상의 미래」부터 1930년의 「분명 속의 불만」까지.11

9　자크 라캉, 「정신병의 모든 가능한 치료에 선결적인 문제에 대하여」, 이종영 옮김, 『에크리』, 663-664쪽.

10　Jacques Lacan, *De la psychose paranoïaque dans ses rapports avec la personnalité*, Paris, Le François, 1932 (rééd. Paris, Le Seuil, 1975).

11　지그문트 프로이트, 「전쟁과 죽음에 대한 고찰」(1915), 「집단 심리학과 자아 분석」(1921), 「환상의 미래」(1927), 「문명 속의 불만」(1930), 김석희 옮김, 『문명 속의 불만』, 파주: 열린책들, 2003.

　　프로이트가 나치의 탄압을 피해야 했던 인생의 말년에
한 번 더 슈팔퉁(Spaltung), 즉 심리 분열의 파급효과들을 다시 사
유한 것이 놀랄 만한 일일까?[12] 같은 해인 1938년, 그가 마지막으
로 저술한 「인간 모세와 유일신교」를 위한 두 편의 다른 서문을,
하나는 빈에서(3월 이전), 또 하나는 런던에서(6월) 작성해야 했
던 것이 놀랄 만한 일일까? 그렇다면 서문의 다음과 같은 도입부
는 놀랄 만한 일일까? "우리는 특별히 기이한(besonder) 시대에
살고 있다. 우리는 놀랍게도 진보가 야만과 동맹을 체결한 것을
목도한다."[13] 이 앞에서 무엇을 할 것인가? 프로이트는 단순히―
상황이 아무리 복잡하더라도―끈질기게 질문하고 사유해야 한다
고, 그러기 위해서는 끊임없이 눈을 떠야 한다고 답했다. 더욱 정
확하게는, 끊임없이 단순한 사실들 너머의 징후들을 관찰함으로
써 "역사적 진실의 내용"(Gehalt an historischer Wahrheit)과 같
은 것을 추구해야 한다고 말했다.[14]

12　지그문트 프로이트, 「방어 과정에서 나타난 자아의
　　분열」(1938), 박찬부 옮김, 『정신분석학의 근본
　　개념』, 파주: 열린책들, 2003, 469-475쪽.
13　지그문트 프로이트, 「인간 모세와 유일신교」(1939),
　　이윤기 옮김, 『종교의 기원』, 파주: 열린책들, 2003,
　　322-323쪽.
14　위의 글, 327쪽.

빅토르 클렘페러, 전체주의 언어의 문헌학자

프로이트가 이런 글을 쓰던 당시에 드레스덴의 한 남자가 홀로 이와 동일한 작업—히틀러가 권력을 잡은 1933년부터 착수한—을 하고 있었다. 끈질기게, 조용히 저항하며, '징후들'에 시선을 두어 당대의 "역사적 진실"과 같은 것을 밝히고자. 이 남자가 빅토르 클렘페러다. 그는 정신분석가도 아니었고 철학자도 아니었다. 단지(물론 이는 잘못된 말이다) 문헌학자였다. 지성적으로 카를 포슬러, 에른스트 로베르트 쿠르티우스, 레오 스피처 등 다른 로망어 학자들과 가까웠던 그는 전쟁이 발발하기 전부터 인정받은 프랑스 계몽주의 문학 전문가였다.[1] 인생의 비상한 사정—그리고 고난—으로 인해 그의 훌륭한 『18세기 프랑스 문학사』는 매우 뒤늦

1   Cf. Christian Borchert, Almut Giesecke et Walter Nowojski (dir.), *Victor Klemperer. Ein Leben in Bildern*, Berlin, Aufbau Verlag, 1999.

게 1950년대와 1960년대가 되어서야 빛을 볼 수 있었다.[2]

    히틀러 정권에 의해 유대인으로서 박해받은 클렘페러
는 결코 망명을 도모하기에—심지어 정말로 욕망하기에—이르지
않았다. 아마도 그는 개신교 신자와 결혼한 사실이 그를 보호할
수 있으리라 한동안 믿었을 것이고, 나중에는 그에게 지옥이 된
아름다운 도시 드레스덴을 빠져나오기에 너무 늦어버렸다. 어쨌
거나 그는 자택에 숨어 지내다 나중에는 테레지엔슈타트와 아우
슈비츠로의 '전치'를 예비하는 단계인 집단 '유대인 주택'(Juden-
haus)에 갇혀야 했다. 학술 서적을 빼앗긴 문헌학자로서 그는 끊
임없이 그의 시대를 읽었고, 그를 추방시킨—정치의, 사회의, 언론
의, 일상의, 환상의—공간을 읽었다. 상자 공장에서 노예처럼 하루
에 10시간씩 노동을 해야 했던 특히 어려웠던 시기에도 그는 비밀
일기 쓰기를 결코 멈추지 않았다. 5천여 장의 일기가 일부분씩 차
례차례 '아리아인' 친구에게 보내져 어느 이중벽 사이에 숨겨졌다.

    이 특별한 일기로부터, 빅토르 클렘페러의 가장 유명
한 저작인 『LTI, 제3제국어. 한 문헌학자의 수첩』이 1947년에 출
간되었다.[3] 수년간 주목을 받지 못한 후에—이 시기의 다른 중요
한 증언들의 운명과 마찬가지로—클렘페러의 이 책은 대체할 수
없는 문서의 지위와 더불어 나치 언어의 구조를 상세히 기술한

2   Victor Klemperer, *Geschichte der franzö-
sischen Literatur im 18. Jahrhundert*, Berlin-Halle,
Deutscher Verlag-Niemeyer, 1954-1966.

3   Id., *LTI. Notizbuch eines Philologen*, Berlin, Aufbau
Verlag, 1947 (rééd. Leipzig, Reclam Verlag, 1975).
Trad. É. Guillot, *LTI, la langue du IIIe Reich. Car-
nets d'un philologue*, Paris, Albin Michel, 1996.

역사적이고 문헌학적인 '기념비'의 지위를 얻었다. 단어들이 겪는 '의미 변화'나 예컨대 폴크(Volk, 민중) 같은 일상 용어들에 대한 연구가 『LTI』를 모든 전체주의 언어 기호학 일반의 직계 조상으로 만드는데도, 유감스럽게 장-피에르 파이유는 이 문제에 관한 그의 유명한 책들에서 클렘페러의 분석에 대해서 이에 걸맞는 주의를 기울이지 않았다.4 아마도 이론적 언급이 언제나 구체적이고 사소한 사물들의 한복판에서만 등장하는 클렘페러의 글이 지닌 비체계성이, 특히 구조주의의 시대에 글의 깊이 있는 분석을 알아차리는 데 방해가 됐을 것이다.

　　무엇보다 클렘페러는 자신이 언어의 임상의라고, 즉 징후의 관찰자라고 생각했다. 결국 이 명철함이 충분히 인정받게 되었고, 이건 그저 당연한 일이다. 이제 전체주의 언어 분석에서 그의 선구적 역할은 확립된 사실이다.5 그러나 그 와중에 그가 언어의 정서성과 그것이 표출하는 감정의 분열을 관찰하는 방식은 너무나 자주 논외로 여겨졌다. 또한 그 와중에 그의 고유한 정서적 언어는 간과되었다. 마치 전체주의 언어—이것 자체도 난폭하고 독재적이고 하지만 없는 정서들로 가득한데—의 관찰자는

4　Jean-Pierre Faye, *Introduction aux langages totalitaires. Théorie et tranformations du récit*, Paris, Hermann, 1972 (éd. augmentée, 2003, rééd. Paris, Le Livre de poche, 2009); Id., *Langages totalitaires. Critique de la raison [et de] l'économie narrative[s]*, Paris, Hermann, 1972, p. 459-502 et 515-541; Id., *Le Langage meurtrier*, Paris, Hermann, 1996.

5　Cf. Laurence Aubry et Béatrice Turpin (dir.), *Victor Klemperer. Repenser le langage totalitaire*, Paris, CNRS Éditions, 2012.

자신의 글에 그 어떤 파토스도 용인할 수 없다는 듯이. 마치 그의 사유가 최소치의 진지함이라도 드러내기 위해서라면 그의 사유 로부터 그의 감정들을 격리시켜야 했다는 듯이. W. G. 제발트는 1999년의 에세이 『공중전과 문학』에서 놀랍게도 클렘페러의 언 어에서 "관습"의 문체 외에는 아무것도 찾을 수 없었다고 말한다. 역사의 경험과 폭력에 연관된 것이라곤 전혀 없다고, 급기야 "그 진위 여부마저 의심하게 된다"고 보았던 것이다.[6]

동시대―정치, 광고, 경제―신조어에 대한 에세이의 저 자인 에리크 아장은 클렘페러의 기획이 구성한 모델을 향해 다음 과 같은 찬사를 보냈다. "이 책이 집필된 사연에도 불구하고 여기 에는 그 어떤 파토스도 발견되지 않는다."[7] 로랑스 칸은 나치 언 어에는 모조리 신화나 주술의 움직임이 깃들어 있다는 구실을 들 면서, 이로부터 "파토스[와] 그것의 배신을 피해야" 한다고, 따라 서 전체주의 세력에 무엇으로든 대응하거나 저항하고자 한다면 "정서의 가상"을 정복해야 한다고―철학적인 관점에서 매우 고전 적으로―연역해 낸다.[8] 하지만 전체주의 세계의―에르베 마쥐렐 이 분석한 "군사적 열광"에서 예고된, 우테 프레베르트가 기술한 나치 정권의 "감정의 정치"에서 정립된, 리샤르 레슈트만이 탐문 한 집단 학살자들에게서 "절정"에 다다른…[9]―격리된 감정에는,

6 W. G. 제발트, 『공중전과 문학』(1999),
   이경진 옮김, 파주: 문학동네, 2018(2판), 41-42쪽.

7 Éric Hazan, *LQR. La propagande au quotidien*,
   Paris, Raisons d'agir, 2006, p. 11.

8 Laurence Kahn, *Ce que le nazisme a fait à la
   psychanalyse*, Paris, PUF, 2018, p. 11-14 et 227-228.

9 Hervé Mazurel, "Enthousiasmes militaires et

오로지 순수하게 합리적인 탈정서적 격리만을 자유롭고 분석적인 정신을 보증하는 유일한 것으로서 대립시켜야 할까?

이렇게 거의 변증법적이지 않은 분열의 노선에, 일단 한나 아렌트의 말년의 책에 속하는 『공화국의 위기』에서 보이는 일반적 고찰을 대립시킬 수 있을 것이다.(더구나 이 책에 담긴 분석들은 클렘페러가 이미 논의한 여러 주제들과 일치한다.) "감정이 없어야지 합리성이 생기거나 높아지는 것이 아니다. '견딜 수 없는 비극'을 보면서 유지하는 '초연함과 차분함'은, 그것이 절제의 결과가 아니라 명백한 몰이해의 표명일 때 정말로 '끔찍한' 것일 수 있다. 합리적으로 응수하기 위해서는 우선은 '감동'을 겪어야 한다. 감정적인 것의 반대말은 어떤 의미로도 '합리적'인 것이 아니라, 보통 병리적인 현상인 감동 불능이거나 감정의 도착인 감상성이다."[10]

paroxysmes guerriers," *Histoire des émotions, II. Des Lumières à la fin du XIXe siècle*, dir. A. Corbin, Paris, Le Seuil, 2016, p. 227-256; Ute Frevert, "Faith, Love, Hate: The National Socialist Politics of Emotions," *Munich and National Socialism*, dir. W. Nerdinger, Munich, NS-Dokumentationszentrum-Beck, 2015, p. 479-486; Richard Rechtman, "Que ressentent les génocidaires lorsqu'ils tuent?," *Histoire des émotions, III. De la fin du XIXe siècle à nos jours*, dir. J.-J. Courtine, Paris, Le Seuil, 2017, p. 247-266.

10   한나 아렌트, 『공화국의 위기』(1972), 김선욱 옮김, 파주: 한길사, 2011, 215-216쪽.

그러므로 사람들은 빅토르 클렘페러의 세심한 분석, 그의 정확한 기술(記述) 감각, 추정된 부재하는 정서성 사이에 의심스러운 추론을 행하면서 그의 문체에 관해 속은 셈이다. 마르틴 발저는 1996년에 빅토르 클렘페러를 기리는 찬사에서 정확성의 원칙(Prinzip Genauigkeit)에 대해 말했다.[11] 정확성은 아주 잘 선택된 단어로서 삼중의 성질을 지시한다. 그것은 인식적(엄밀함), 윤리적(올바름)일 뿐만 아니라 또한 정서적(affective) 성질인데, 왜냐하면 어떤 도구가 정확하려면 지진계에 대해서처럼 무엇보다도 그것이 감성적이어야 하기 때문이다. 즉, 상황에 의해 '변용'(affecté)되거나 변양될 수 있어야 하기 때문이다. 클렘페러 자신도 1929년 잡지 『로고스』에 게재한 유럽 문학에 관한 장문의 글에서 제임스 조이스를 향해 훌륭한 찬사를 보냈다. 그는 조이스에게는 서정적 "천재성"과 과학적 "면밀성"이 한결같이 함께한다고 말했다—이 모두가 인간 감정에 대한 특별한 분석 감각과 연결된 것이다. 클렘페러에 따르면, 『율리시스』에서 조이스의 예술은, "인물들의 모든 의식과 모든 잠재의식, 모든 관념 연합, 모든 완전하거나 불완전한 기억이 가장 면밀한 논리와 극도의 정확함과 과학적인 무절제함으로 펼쳐져 사실상 오늘날의 정신에 대한 전반적이고 일반적인 이미지를 제공한다"는 데에서 비롯된다⋯.[12] 요컨대, 이 문헌학자에 의하면—저 정신분석가에 대해서처럼—사소

11 Martin Walser, *Das Prinzip Genauigkeit. Laudatio auf Victor Klemperer*, Francfort-sur-le-Main, Suhrkamp, 1996.

12 Victor Klemperer, *Littérature universelle et littérature européenne* (1929), trad. J. Stroz, Belval, Éditions Circé, 2011, p. 104-105.

한 사물들이 단순히 하찮은 것들이 아니라 정서와 그 분열을 간직한 징후들일 때, 그것들에 주목하는 시선을 글쓰기가 증언할 수 있는 바로 그곳에 "역사적 진실의 내용"이 존재할 것이다.

의심할 바 없이 『LTI』는 매우 감정이 절제된 책이다. 이런 절제 자체를 명분으로 클렘페러는 전쟁 후에 게토에 대한 특정 증언들의 "감상적 처리"에 대해 혹독한 태도를 보였는데, 그가 보기에 그것들이 쇠약해진 까닭은 막연히 소설적이거나 막연히 낭만적인 특정 상투어들, 그가 "약간 위조되고 낡아 보이는, 때로는 약간의 악취미"라고 말한 문학적 "장식"(Schmuck)의 공식들을 사용하기 때문이었다.[13] 그러므로 『LTI』는 저들과 다르게 매우 얌전한 책으로 보인다. 하지만 그것이 이 책이 뒤흔들지 않음을 의미하지도 않으며―필리프 로제가 "『LTI』는 매 쪽마다 감정의 강도를 유머러스한 엄격함과 뒤섞는다"고 지적하면서 잘 말한 것처럼[14]―이 책이 이야기하는 모든 인내한 것에 이 책이 뒤흔들리지 않음을 의미하지도 않는다. 이 책은 절제하지만 전체주의 환경이 인간 존재들에게 부과할 수 있는 것을 기술해야 한다면 대체로 마다하지 않는다. 이 책의 이야기는 끊임없이 만행을 짚어가지만 사실상 자기 하소연에서 벗어난다. 이는 '한 문헌학자의 수첩'이라는 너무 간소한 부제에도 불구하고 오로지 말에 일어난

13 Id., "Inferno und Nazihölle. Bemerkungen zu den 'Tagebüchern aus dem Ghetto'," *Neue deutsche Literatur*, 1959, n. 9-10, p. 249 (Karine Winkelvoss, *W. G. Sebald, l'économie du pathos*, Paris, Classiques Garnier, 2021, p. 75의 번역을 따라 인용).

14 Philippe Roger, "Victor Klemperer. Le philologue et les fanatiques," *Critique*, n. 612, 1998, p. 197.

일만을 이야기하지 않기 때문이고, 이 텍스트가 비밀 일기에서 비롯된 것이지만 오로지 저자 혼자에게 일어난 일만을 이야기하지 않기 때문이다. 알랭 레는 『멍에를 쓴 언어』에서 『LTI』의 이런 폭넓음을 잘 설명했는데, 그는 나치의 "언어 도착증"에 대한 『LTI』의 분석이 결코 "감정의 의미를 잃어버리게" 만들지 않는다고, 클렘페러가 꾸준히 자신의 감정을 표현하는 만큼 독자에게도 감정을 야기시킨다고 강조했다.[15]

　　사실상 『LTI』의 저자는 이야기꾼 또는 어떤 주어진 공간과 어떤 주어진 시대의 연대기 작가로 드러난다. 그러므로 그는 역사를 수행한다—이미 어떤 '미시사'를. 하지만 또한 사회심리학을, 그리고 더 낮게는 한 시대의 최소의 몸짓과 최소의 단어에 밀착된 정치인류학을 수행한다. 그런데 '최소의 단어'란, 말하는 방식 전체의 결정체가 아니라면 무엇이겠는가? 그리고 언어란, 우리가 감각하고 사유하고 변용되고 행위하는 방식의 결정체가 아니라면 무엇이겠는가? 요컨대, 언어는 어떤 '영역'이 아니다. 차라리 인간적으로 구성된 삶 전체의 발산하는 환경이다. 그렇기 때문에 빅토르 클렘페러가 가장 아끼는 격언인 '언어 속에 진실이 있다'(In lingua veritas)는 엄밀한 의미의 문헌학보다는 훨씬 더 인류학에 속하는 것이었다. 왜냐하면 실존의 모든 차원들과… 당연히 그것들의 모든 분열과 모든 징후가 언어 안에서 결합하기—또한 언어로부터 솟아나기—때문이다.

　　볼프강 미더는 클렘페러의 글쓰기가 "속담"(Sprich-

15　Alain Rey, *La Langue sous le joug*, Mont-Saint-Aignan, Publications des universités de Rouen et du Havre, 2011, p. 14.

wort)의 기능을 맡을 수 있는 "증언"(Zeugnis)이라고 적절하게 고찰했다.[16] 즉, 단어들(verba) 자체보다 '앞으로'(pro) 나갈 수 있는 말인 것이다. 그러므로, 몸짓이나 이미지, 사유나 행동, 심지어 지혜가 될 수 있는 말인 것이다.(예전에는 진리와 윤리적 올바름을 지닌, 성서나 예언이나 시의 금언을 속담[proverbes]이라 불렀다.) 그러므로 언어가 단어-앞(pro-verbiale)이라는 것은, 언어가 발산되어 우리가 감각하는 모든 방식, 우리가 존재하는 모든 방식, 우리가 행위하는 모든 이유를 재형상화한다는 것을 의미한다. 이는 최악과 최선 모두에 관련된다. 언어가 모든 쪽에서 '발산'된다는 것은 또한 언어가 아무것과도 분리되지 않음을 의미한다. 그렇기 때문에 정치적 폭력으로 그 기능 자체가 훼손되면—프레데릭 졸리가 『몰수된 언어』에서 강조한 것처럼[17]—언어는 또한 끔찍한 역설을 낳아 폭력의 공포를 운반하며 폭력의 집행자로 복무할 수도 있다.

　　클렘페러의 분석이 지닌 훌륭한 미덕 중에 하나는 사회와 역사의 삶 일반에 대한 몇몇 본질적인 패러다임들, 적어도 한 세기 전부터 인문과학의 여러 영역에서 갱신된 패러다임들을 우리가 인식할 수 있도록, 거의 손가락으로 만질 수 있도록 해 준다는 것이다. 예컨대, 그가 시민 생활의 모든 측면에서 무시무시하게 확장하는 나치 규범들을 이야기할 때, 게오르크 짐멜이 그의

16　Wolfgang Mieder, *"In Lingua Veritas". Sprichwörtliche Rhetorik in Victor Klemperers Tagebüchern, 1933-1945*, Vienne, Edition Praesens, 2000, p. 8-14.

17　Frédéric Joly, *La Langue confisquée. Lire Victor Klemperer aujourd'hui*, Paris, Premier Parallèle, 2019, p. 17-18.

대작인 『사회학』에서 바로 이런 확장에서부터 "집단 행동의 부정성"을 이해했던 방식이 재발견된다. 짐멜은 정치 체제가 "다수의 감정집단을 통합하려" 할수록, 더욱 "규범 집단"이 확대되고, 더욱 그 자체로의 "사회적 부정성이 솟아난다"고 했다.[18] 그리고 『나치 문화혁명』의 요한 샤푸토나 친위대(SS)라는 공포기계의 한복판에서 지식인들이 맡은 역할에 관한 크리스티앙 인그라오의 최근 역사 연구도 생각해 볼 수 있다.[19]

한편, 한 사회의 어떤 역사적 시기의 언어 용법에 관한 성찰에 심리적 차원이 빠질 수는 없다. 클렘페러를 읽으면 쉽게 연관되는 것들이 있다. 예컨대, 같은 시대에 아우렐 콜나이가 주장한 인종차별적 증오의 현상학이 그렇고,[20] 또는 샤를로테 베라트가 역시 같은 시대에 엄청나게 수집한 꿈—정치적인 것이 가장 깊은 우리의 '분열'에까지 끼어드는 장소—이야기의 결과가 그렇고,[21] 또는 "극단적 상황—수용소의 상황—의 행동"과 "전체주의의 심리학적 유혹"에 관한 브루노 베텔하임의 자전적이고 정신분

18   Georg Simmel, *Sociologie. Étude sur les formes de la socialisation* (1908), trad. L. Deroche-Gurcel et S. Muller, Paris, PUF, 1999, p. 471-475.

19   Johann Chapoutot, *La Révolution culturelle nazie*, Paris, Gallimard, 2017; Christian Ingrao, *Croire et détruire. Les intellectuels dans la machine de guerre SS*, Paris, Fayard, 2010.

20   Aurel Kolnai, "La haine"(1935), trad. O. Cossé, *Les Sentiments hostiles*, Strasbourg, Éditions Circé, 2014, p. 141-194.

21   Charlotte Beradt, *Rêver sous le IIIe Reich* (1933-1966), trad. P. Saint-Germain, Paris, Payot & Rivages, 2002 (éd. 2004).

석적인 고찰들이 그렇다.[22]

끝으로, 언어 안에서 입장을 정하는 것 또는 자기 주변에서 구사되는 언어와 마주하며 입장을 정하는 것이 대표적으로 윤리적 차원에 속한다는 것을 상기해야 하지 않을까? 이런 관점에서 클렘페러는 미셸 푸코가 말년의 작업에서 부각시킨 진리에의 용기—"용기의 진리, 진리를 말하는 용기"[23]—의 형상을 훌륭하게 구현한다. 1984년 마지막 세미나의 마지막 교훈을 기억하자. "하지만 결국에 제가 강조하려는 것은 이겁니다. 타자성이라는 본질적인 입장 없이는 진리는 설립될 수 없습니다. 진리는 결코 동일자가 아닙니다."[24] 바로 이것이 빅토르 클렘페러가 『LTI』에서 작동시켰던 것이 아닐까? 그의 고유한 타자성을 설정하기. 한편으로는 유대인으로서, 다른 한편으로는 독일어의 가장 높은 가치들의 보증인이나 수호자로서…. 그리하여 그를 둘러싸고 위협하는 사람들로부터 자신을 격리시키지 않기, 그러면서 심지어 게슈타포더라도 그의 자동기계적인 언어와 사고의 가장 내밀한 곳까지 타자를 응시하기…. 로타어 치스케가 주장한 것처럼, 아마도

22　Bruno Bettelheim, "Comportement individuel et comportement de masse dans les situations extrêmes"(1943), *Survivre*, trad. T. Carlier, Paris, Robert Laffont, 1979 (rééd. Paris, Hachette, coll. "Pluriel," 1989), p. 68-109; Id., "Remarques sur la séduction psychologique du totalitarisme"(1952), Ibid., p. 391-407.

23　Michel Foucault, *Le Courage de la vérité. Le gouvernement de soi et des autres, II. Cours au Collège de France, 1983-1984*, éd. F. Ewald, A. Fontana et F. Gros, Paris, Le Seuil-EHESS-Gallimard, 2009, p. 145.

24　Ibid., p. 311.

클렘페러의 생존 자체가 "삶의 글쓰기", 즉 타자들의 삶과 일관되게 나눔되고 교환되고 마주치던 그의 삶의 글쓰기를 향한 정념과 연관되어 있었을 것이다.[25] 그러니까 정념, 즉 모든 저항 능력의 조건 자체가 자리한 근본적인 정서 말이다. 알랭 브로사가 보여주었듯이, 이는 그가 자기의 고유한 언어의 윤리를 받아들일 때도 그렇고, 사회 전체를 격리된 정서와 일방적 사유와 공포의 행위에 바치면서 굴종시키려고 마련된 언어의 추악한 용법을 비판할 때도 그렇다.[26]

25 Lothar Zieske, *Schreiben überleben, über Leben schreiben. Aufsätze zu Victor Klemperers Tagebüchern der Jahre 1933 bis 1959*, Berlin, Hentrich & Hentrich, 2013.

26 Alain Brossat, "Résister dans la langue," postface à *LTI, la langue du IIIe Reich*, op. cit., p. 363-373.

나눔, 응시, 저항

말하기는 우리를 분리한다. 우리가 한 단어만 발음해도, 이미 그
것이 분기하며, 우리의 고유한 관념 연합과 이에 뒤지지 않는 정
서적 분리를 수반한다. 그렇지만 우리는 말한다. 이는 우리의 실
존을 타인과 나누는 역사다. 그러므로 우리는 타인으로부터 그리
고 우리 자신으로부터 분리될지라도 나눈다. 전적인 문제는 이런
모든 분열들을 우리가 어떻게 사용하는가로 요약된다. 나눔—이
단어가 허용하는 이중의 의미로—의 변증법으로? 아니면 상호성
없는 삭제, 독재적인 격리로? 그래도 하지만으로? 아니면 여지없
음으로? 빅토르 클렘페러는 『LTI』를 쓰면서 단지 한 시대의 정치
뿐만 아니라 또한 한 민중 전체의 정신과 언어도 변형시킬 수 있
는 전체주의 환경을 상세한 단어로 기술할 작정이었다. 그러므로
그의 대상은 편집증적인 구호들에 담긴 격리, 근본적인 증오의 공
식들, 그로부터 기인한 살해 행위들이었다.

　　그런데 이 모든 것을 클렘페러는 바로 자기만의 문체

로 표현했다. 즉, 고집스럽게 나눔에 바쳐진 문체로. 이것은 특정한 방식으로 끊임없이 삶에 감사하는 생존자의 문체다. 그래서 클렘페러는 나치 언어의 가혹한 배제를 기술하기 전에 그의 배우자 에바에게 전하는 사랑 노래로 글을 시작했다. "당신이 없었다면 오늘날 이 책은 있지 않았을 것이고, 이 책의 저자도 한참 전부터 있지 않았으리다."[1] 그리고 나서 클렘페러는 또 다른 전형적인 나눔의 형태인 유머를 구사했다. 왜 LTI인가? 당연히 BDM, HJ, DAF 때문이다. 즉, 독일 소녀 동맹(Bund Deutscher Mädel), 히틀러 유겐트(Hitler Jungend), 독일 노동 전선(Deutsche Arbeitsfront) 때문이며, 친위대(Schutzstaffel)를 대신하는 SS는 말할 것도 없다…. 그러니까 클렘페러는 대담하게도 자기의 고유한 문구를, 12년가량 그를 끊임없이 죽음의 위험에 처하게 한 전체주의 장치들의 "패러디적인 유희로서"(als parodierende Spielerei)[2] 제시한다.

　　이런 유머는 그러므로 저항이다. "[…] 적법한 방어 수단, 나 자신에게 보내는 SOS, 바로 이것이 내 일기 속의 약자 LTI가 표상하는 것이다."[3] 따라서 이 약자는 '제3제국어'를 지칭하지만, 이는 로망어 학자 클렘페러가 독일어가 아닌 언어로 그것을 정식화할 수 있게 해주는 거리를 가로지른다. 즉, 'Lingua Tertii Imperii'의 약자이다. 이 거리가 그로 하여금 머리가 돌지 않게 해주는, 나치즘의 숨 쉴 수 없는 대기에 질식하지 않게 해주는 바로 그것이다. 이 거리가 그에게 평형 봉에 힘입어, 즉 일기의 글쓰기

1　　Victor Klemperer, *LTI, la langue du IIIe Reich*, op. cit., p. 7.
2　　Ibid., p. 31.
3　　Ibid.

에 힘입어 줄 위를 걷는 줄타기 곡예사의 은유를 떠올리게 한다. 또한 이 거리가 이 추악한 세계를 향하는 필수적인 응시라는 것을 구현한다. 이것은 그럼에도 불구하고 뒤로 물러서서—오, 이 얼마나 어려운 일인가—일어나는 일을 관찰하고, 증언하고, 이해하라는 정언명령을 통해 정당화되는 응시다. "이 세월 동안 내 일기는 매 순간 평형 봉이었고, 이것이 없었다면 난 백번은 떨어졌으리라. 욕지기와 절망의 시간에, 무한히 공허하고 가장 기계적인 공장 노동 속에서, 아프거나 죽어가는 사람들의 침대맡에서, 무덤가에서, 궁색함과 극도의 모욕을 겪는 시간 속에서, 육체적으로 심장은 쇠약하지만, 내가 나 자신에게 내린 이 명령(Forderung)이 언제나 나를 도와주었다. 일어나는 일을 너의 기억 속에서 관찰하라, 학습하라, 각인하라(beobachte, studiere, präge)—내일이면 그것이 또 다른 측면을 가질 것이니까, 내일이면 이미 너는 그것을 다르게 지각할 것이니까—그것이 표명되고 작용하는 방식을 기억하라."4

또 눈에 띄는 것은 『LTI』가 악몽의 언어를 편력하다가도 그 끝이 한두 개의 유머러스한 메모로 맺어진다는 사실이다. 먼저, 클렘페러는 드레스텐 폭격과 연합군의 접근에 뒤이어 독일이 패주하는 와중에도 신분증의 철자를 살짝 손보면 생존할 거라고 밝힌다. 유대인 이름인 클렘페러(Klemperer)가 매우 독일적인 이름인 클라인페터(Kleinpeter), 즉 "작은 돌"이 되리라는 얘기다.5 그리고, 그가 임시 피난처를 구한 마을에 미군이 당도했을 때, 클렘페러는 오래된 "비워진 관사"에서 당분간 지내게 된다.

---

4   Ibid., p. 32.
5   Ibid., p. 119.

때는 1945년 4월 28일이었고, 여전히 매섭게 추운 날이었다. "[그래서] 나는 히틀러 초상화로, 히틀러 액자로, 하켄크로이츠로, 하켄크로이츠 깃발로, 또다시 히틀러 초상화로 불을 피웠다. 매번 이건 나에게 커다란 행복이었다."[6] 파리 한 마리한테 최소한의 해코지도 못하는 한 남자의 부드러운 복수 같은 것.

　　이로부터 본질적인 임무가 정의된다. '멍에를 쓴 언어', 전체주의적으로 조직된 주민들의 모든 생활에 강제 징집된 이 독일어를 기술해야 한다. 이런 조직이란, 주민들의 일부인 유대인 소수 민족을 우선적으로 배제하고 박해하는 것으로 규정된다. "얼마나 많은 개념과 감정(Begriffe und Gefühle)"을 제3제국어가 "오염시키고 중독시키지 않았는가!"라고 클렘페러는 말한다.[7] 문화와 존재 방식 전부가 이런 언어의 이미지를 따라 변형된다. 이 일반적인 관찰을 통해 클렘페러는 "문체가 그 사람이다"라는 프랑스 격언을 다시 취한다. 그는 "누군가가 타자들이나 자기 자신에게 고의로 숨기려 하는 것, 또한 그가 그 안에 무의식적으로(unbewußt in sich) 간직한 것, 그것을 언어가 드러낸다(die Sprache bringt es an den Tag)"는 사실을 이해하고 있다.[8]

　　클렘페러는 이야기한다. 어떻게 처음엔 그런 난폭해진 관용어로부터 자기를 보호하고 차단하려―그는 휴머니스트이자 독일어를 사랑한다―시도했다가, 나중엔 자신을 보다 잘 보호하기 위해서는 "더욱더 세심하게 그 관용어를 관찰할"(ich beo-

---

6　Ibid., p. 357.

7　Ibid., p. 22.

8　Ibid., p. 33.

bachtete immer genauer) 줄 알아야 한다는 것을 이해했는지, 심지어 게슈타포 요원이 윽박지르며… 그가 염치없이―그는 유대인이다―읽기 시작했던 전형적인 나치 서적인 알프레트 로젠베르크의 『20세기의 신화』로 그의 머리를 내리칠 때마저도.9 그러므로 어떤 방식으로 표현되든 간에 언어를 관찰하기, 이것은 모든 인류학 일반과 특히 모든 정치인류학에 근본적인 작업인 것이다. "나치즘은 고립된 표현들, 어법, 수백만의 경우에 부과되며 기계적이고 무의식적인(mechanisch und unbewußt) 방식으로 채택된 구문론적 형식들을 통해 다수의 살과 피에 침투했다."10 그러므로 클렘페러의 문헌학적 접근법은, 통합체나 구문론적 특질의 세부로 밀착된 동시에 가장 심오한 의미의 역사 분석으로 열린 인식론에 속한다. "왜냐하면 고립된 단어의 아래에서 발견되는 것은 한 시대의 사유(das Denken einer Epoche)이기 때문이다."11

클렘페러가 소환한 무수한 사례에서 이런 전체주의 언어의 두 가지 근본적인 특징이 추출될 수 있다. 첫 번째 특징은 그것의 내재적 빈곤이다.12 1947년, 『LTI』의 저자는 이 특징에 사회학적 토대를 부여하는데, 이것이 게오르크 루카치의 마르크스주의 분석과 어떤 관계를 은근하게라도 확립하는 듯하다. 그러니까 그는 "사물화"(Versächlichung) 과정에 대해 말하는데,13 명백히 이 단어는 루카치의 물화(Verdinglichung)와 매우 가깝다. 클렘페

---

9   Ibid., p. 34-35.
10 Ibid., p. 38.
11 Ibid., p. 197.
12 Ibid., p. 43-48.
13 Ibid., p. 198.

러는 특히 수용소의 어휘에서—'조각'이나 '부분'을 뜻하는 슈튀크 (Stück)라는 단어로 살상할 사람들과 그들의 사체를 말하는 것처럼—"사물화가 가장 의도적인 방식으로 표명되며 악착스러운 증오로 추동된다"고 논평한다.[14] "인간 존재들이 '청산'(liquidiert)될 때, 그들은 물리적 사물(wie Sachwerte)처럼 '발송'되거나 '완료'되는 것이다."[15]

그러므로 제3제국어는 모든 인간성을 사물화, 기계화한다—그러기 위해서는 언어도 스스로 기계화되어야 할 것이다. 이런 언어의 빈곤이란 부동의 딱딱함이며, 유연성이나 가소성의 부재일 것이다. 실재의 폭력이 상징계와 상상계의 자원을 복종시키기 위해서는, 모든 행동에 갖다 붙이는 엔트(ent-)라는 접두사 하나로도 충분할 것이다.[16] 조만간 실재 안에서 문제시될 것이 무엇일지 이해하기 위해서는, "영웅주의"(Heroismus), "토벌"(Strafexpedition, 클렘페러가 친구라 생각했던 어떤 명민한 젊은이의 입에서 나온 두려운 말), 또는 "말살"(austradieren) 같은 단어들로 충분할 것이다.[17] 프리모 레비가 아우슈비츠에서 들은 왜냐고 없음이 바로 나치즘하의 모든 삶의 차원들에 적용된 엄격한 규칙의 표현이었음을 이해하기 위해서는, 약자 Knif나 Kakfif—앞의 것은 Kommt Nicht In Frage, 즉 '여지없음'을 대신하고, 뒤의 것은 Kommt Auf Keinen Fall In Frage, 즉 '절대 여지없

14   Ibid., p. 199.
15   Ibid.
16   Ibid., p. 21.
17   Ibid., p. 21-29 et 69-74 et 173.

음'을 대신한다—를 듣는 것으로 충분할 것이다.[18] 하나의 약자로, 하나의 활자(모든 타자기 자판에 부과된 SS 제복의 활자)로, 하나의 구두점(위협을 의미하기 위한 하나의 단순한 느낌표)으로 충분할 것이다. 클렘페러는 심지어 "단 하나의 음절"(die eine Silbe)로도 충분할 것이라고 말한다.[19]

이 모든 것이 간략하고도 과장하는 방식으로, 강압적이고도 거만한 방식으로 모든 것을 말하기 위한—이제는 모든 것이 '전체적'이라고 말하기 위한—것이다. 제3제국어의 역설은 이 것의 '빈곤'이 오로지 과장이라는 또 다른 근본적인 특징만을 부추겼다는 것이다. 더 이상 독일인인 것으로는 충분하지 않았고, "광신적인 독일인"이어야 했다.[20] "오로지 광신적인 독일성만이 우리의 조국을 현실의 비(非)독일성으로부터 씻어낼 수 있다"는 말을 클렘페러는 어떤 선량한 부인의 입을 통해 듣고, 이를 "정복자의 언어"(Sprache des Siegers)가 피정복자들 자체를 이데올로기적으로 지배하는 것으로 분석한다.[21] 따라서 『LTI』의 한 장 전체가 이 문헌학자가 매우 뛰어나게도 "최상급의 저주"(der Fluch des Superlativs)라고 일컬은 것에 바쳐진다.[22] 이는 유형학적 시도다. "수적 최상급 및 이와 유사한 단어들 외에도, 세 유형의 최상급이 구별될 수 있는데, 이 세 유형 모두 동일하게 과잉(Über-fluß)으로 사용된다. 그것은 형용사 최상급의 규칙적 형식, 최상

18 Ibid., p. 125-130.
19 Ibid., p. 105-107 et 315-320.
20 Ibid., p. 87-92.
21 Ibid., p. 246-248.
22 Ibid., p. 277-288.

급의 가치가 내재하거나 부여될 수 있는 고립된 표현들, 최상급의
의미를 완전히 흡수한 문장들이다."[23]

　그러므로 일단 "수의 최상급"(Superlativen der Zahl)
이 있는데, 여기서 지칭되는 것은 한편으로는 군대 보고서의 확
산이고, 다른 한편으로는 스포츠 언어의 확산이다.[24] 모든 기록
이 언제나 경신된다. 그런데 이런 "과장법의 폭등(Übersteigerung
des Superlativismus)은 의식적인 악의로 [규정되는데,] 왜냐하면
이 폭등이 도처에서 거리낌 없이 사기와 정신의 마비를 노리기
때문이다."[25] 그러나 흔히 그 작업은 너무나 허술해서 "거짓말이
숫자 자체에서 들여다보인다." 예컨대, 1941년 독일군이 키이우에
서 적군 20만 명을 포위했다고 보고되고, 며칠 뒤에는 그 적군이
생포되었는데, 이제 그들은 60만 명의 죄수이다.[26]

　다음으로, 숫자는 접두사나 형용사로 용해된다. 결코
"공세"가 아니라 "대공세"(Großoffensive)고, "격전의 날"이 아니
라 "일대 격전의 날"(Großkampftag)이고, "역사"가 아니라 "세계
사"(Weltgeschichte)다….[27] 꾸준히 경신되는 기록의 거짓말은 이
제 "백 퍼센트"(hundertprozentig) 같은 표현과, 특히 전체주의의
마법의 주문이라 할 형용사인 "전체"(total)를 통해 표현된다.[28]
곧이어 무수한 최상급이 "천년 제국"의 "유일한"(einmalig)과 "영

2 3　Ibid., p. 283.
2 4　Ibid., p. 278-279.
2 5　Ibid., p. 279.
2 6　Ibid., p. 280.
2 7　Ibid., p. 283-284.
2 8　Ibid., p. 281.

원한"(ewig)에 종교적으로 집중될 것이다.[29] 결국, 그 폭등은 클 렘페러가 매우 정확하게 "쇠약한 상상력의 표현"(die Ausdrücke versagender Phantasie)이라고 부른, "셀 수 없는"(zahllos)과 "상 상할 수 없는"(unvorstellbar, 또는 표상할 수 없는)에서 표명된 다.[30]

제3제국어의 과제는 상상력을 학대하기였다. 즉, 상상 력의 숨을 틀어막고, 상상력의 가소성과 분기하는 능력이나 자유 롭게 연합하는 능력을 모두 축소시켜서, 일방적인 과장을—하지 만 없이, 왜냐고 없이—부과하는 것이었다. 당연히 최상급 형식 자체나 시인과 정열적인 사람들의 관습적인 언어 과장이 문제되 는 것은 아니었다. 예컨대, 니체가 설파한 강도(强度)의 미학과 괴 벨스의 부풀린 과장 사이에는 커다란 차이가 있다. 또한, 아비 바 르부르크가 예술 형식의 역사를 강도—"파토스 정식"의 강도—의 프리즘을 통해 고찰했고, 그가 착안한 강도의 모델이 바로 비교급 과 최상급에 관한 언어학 이론에서 비롯됐다는 것을 상기할 수 있 다. 그런데 바르부르크가 헤르만 오스트호프의 "보충법적 특징" 에 관한 관찰에서 취한 것은, 이를테면 비교급과 최상급이 기본 형용사의 어근을 이주시킨다는 것이다.[31] 실제로 보누스(bonus) 에서 멜리오르(melior)를 지나 옵티무스(optimus)로 언어학적 어 근이 변화되어, '좋은'(bon)이 '더 좋은'(meilleur)으로, 그리고 '더

29 Ibid., p. 282.
30 Ibid., p. 279.
31 Aby Warburg, "Introduction à l'atlas Mnémosyne" (1929), trad. S. Zilberfarb, *L'Atlas Mnémosyne. Écrits, II*, Paris, L'Écarquillé-INHA, 2012, p. 54-55.

좋은 것 이상'(plus-que-meilleur)으로 강도 상승된다. 바르부르크에게 이것은 전체주의 언어가 주장한 바와 정반대로 강도를 이해하는 기회였다. 전체주의 언어는 모든 최상급을 유일한 "독일의 뿌리"(deutsche Wurzel)를 확증하는 것으로 환원시켰고, 빅토르 클렘페러는 자기 책의 한 장 전체를 저 표현에 할애한다.[32]

　　'정서적 사실'에 제기한 우리의 질문과 관련하여, 전체주의 언어에 대한 이 섬세하고 준엄한 분석으로부터 이제 어떤 교훈을 도출할 것인가? 이런 분석이 준엄하다고 해서, 이것이 앞서 말했듯 "아무런 파토스 없이" 진행되었다고 할 수 있을까? 제3제국어가 지속적인 파토스의 거짓말 퍼레이드와 편집증적 과장을 표출했다고 해서, 클렘페러가 일차적 의미의 파토스, 즉 제3제국을 인내하고 겪고 견딘 경험의 파토스를 도외시했다고 할 수 있을까? 분명 그렇지 않다. 그러므로 전체주의 언어가 '파토스의 배반'이나 '정서의 환영'을, 요컨대 감정들의 거짓을 따른다고 말하지 말아야 한다. 사실은 정확히 그 반대다. 전체주의 언어는 '정서의 배반'을 활용하지 않는다. 오히려 감정들의 진실이라고 부를 수 있는 것을 배반한다. 클렘페러가 잘 말한 것처럼, 전체주의 언어는 감정들을 "사물화"한다. 감정들을 날조하고, 감정들을 그것들 자체로부터 격리시키고, 배제에 종속시킨다. 그러므로 정서성이라고 하는 이 공공재에 대해 수행할 추론이란, 우리가 언어나 섹슈얼리티에 대해 더 쉽사리 수행할 수 있는 추론과 동일해야 한다. 프로파간다는 언어가 본질상 배반자임을 보여주는 게 아니

32　Victor Klemperer, *LTI, la langue du IIIe Reich,*
　　op. cit., p. 174-188.

라 언어를 격리시키면서 언어를 배반한다. 포르노그래피는 섹슈얼리티가 본성상 더러운 것임을 보여주는 게 아니라 섹슈얼리티를 사물화하면서 섹슈얼리티를 더럽힌다. 정서성의 정적(政敵)이 농단해서 독점한다고 주장하는 것(언어나 욕망, 이미지나 정서)을 결코 그에게 넘겨주지 말아야 한다.

비판적 결단: 추악한 언어를 듣기

『LTI』에서 클렘페러의 감정은 모욕이나 위험에 대한—겪고 관찰한—개인적 기억이 등장할 때마다 기록된다. 확실히 여기서 정서는 절제되는데, 왜냐하면 『LTI』가 한 피해자의 하소연이 아니라 몽타주된 서술들, 문헌학적 분석의 모자이크로 제시되기 때문이다. 또한 이 책은 동독에서 출간된 책이라는 조건 자체에 부합한다. 그러한 정치적, 도덕적 맥락에서는 이 책의 광대하고 지극한 원래 텍스트, 즉 클렘페러가 1933년부터 1945년까지 작성한 비밀스러운 『일기』의 공개가 불가능했다. 『일기』—저자는 처음부터 증언으로 공개하길 원했던—는 1995년이 되어서야, 즉 그의 글쓰기 이후 50년 이상이 지나서야, 또한 저자가 죽고 35년이 지나서야 출간되었다.[1] 그러므로 이 일기를 탐구하기 위해서는, 그리

---

1   Id., *Ich will Zeugnis ablegen bis zum letzten. Tagebücher 1933-1945*, Berlin, Aufbau Verlag, 1995. Trad. G. Riccardi, M. Küntz-Tailleur et J. Tailleur, *Mes soldats*

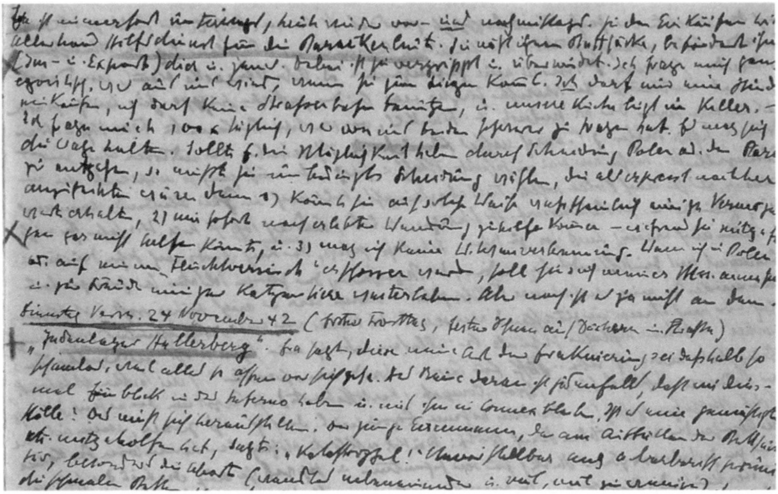

도판 1. 빅토르 클렘페러, 「일기」, 1942년
11월 24일(세부). 종이에 잉크와 연필. 드레스덴,
작센주립대학도서관. Photo DR.

고 이 일기를 더욱 받아들이기 쉬운 '객관적'이고 '내놓을 만한' 형식으로 다시 써서 종합한 1947년의 책과 이 일기 자체를 비교하기 위해서는, 새로운 문헌학적 분석을 수행해야 할 것이다.

『LTI』가 우리에게 전체주의 언어의 구조에 관한 클렘페러의 분석적 지성을 훌륭하게 드러낸다고 한다면, 『일기』 자체는 매번 불행으로부터 그 가장 정확한 표현에 해당하는 것을 도출해 내려는 이런 지성의 투쟁을 훨씬 더 극적으로 보여준다. 클렘페러의 『일기』는 긴급한 와중에 단숨에 몰아서 부분적으로 종이의 한쪽 끝에서 다른 쪽 끝까지 흘러가는 글씨로 쓰였고(항시적인 종이 부족의 흔적), 다만 나중에서야 퇴고를 거치고 강조선이 추가됐다.(도판 1) 이제 『일기』는 단지 놀라운 진실의 문서일 뿐만 아니라 또한 진정한 진리에의 용기의 기념비로 여겨진다. 편하게 안락의자에 앉은 독자일지라도 이 텍스트의 모든 강도와 대면하기 위해서는 어떤 용기가 필요하다.(나 자신도 몇 년 전에 읽기 시작했다가 그의 크고 작은 무수한 결정적인 순간들 앞에서 포기하고 말았고, 읽기를 마친 나는 오늘 한 뭉치의 필기 노트 앞에 있는데 이것들을 옮겨 적는 것만으로 책 한 권을 쓰는 것과 같을 정도다.)

『일기』에는 제3제국어와 직면한 클렘페러가 스스로 떠맡은 분석과 비판의 의무가 점차적으로 등장한다. 아마도 모든 것은—히틀러가 집권하고 3개월이 지난—1933년 4월 25일, 즉 그가 드레스덴의 학생 기숙사 벽에 붙은 벽보를 본 날에 시작됐을 것이다. 당시 독일의 모든 대학교에 게시된 그 벽보는 다음과 같이 공

de papier. Journal 1933-1941, et Je veux témoigner jusqu'au bout. Journal 1942-1945, Paris, Le Seuil, 2000.

표한다. "유대인이 독일어로 글을 쓰면 그는 거짓말을 하는 것이다."[2] 그러므로 클렘페러는 독일의 대학인이라는 그의 고유한 실존 속에서 의심의 대상이 된다. 랍비의 아들로 태어나 언어와 문학의 명석한 학자가 되려고 그토록 분투했던 그였는데 말이다. 그는 새로운 언어에 의해 의심의 대상이 된다. 그 냉혹한 언어는 그의 마음과 지성의 언어로부터 그를 격리시키려 하는 언어다. 곧이어 그는 "전체 국가[의] 새로운 슬로건"을 발견하고,[3] 일단은 "언어 노트"(Sprachnotiz)라고 이름 붙인 일련의 기록에 착수한다.[4] 그는 뉴스영화에서 히틀러의 담화를 시청하면서 "점점 더 난폭하게 표현되는 독재"와 거기서 그가 "무력한 분노"로 지각한 것이 뒤섞인 기록을 남긴다.[5] 1934년 7월 27일, 그는 "제3제국어에 관한 연구 기획이 [내] 정신 속에 점점 더 자리를 잡아간다"고 말한다.[6]

클렘페러의 주관적 입장이 나중에 『LTI』에서 정식화되는 것보다 『일기』에서 더욱 명백하고 자연스럽게 등장함이 이해된다. 예컨대, 그는 『일기』에서 "광란의 의지"(fanatischer Wille)라는 문구를 분석하면서 "이해하지 말고 믿으라"는 독재의 명령을 곧바로 알아차린다.[7] 그런데 이런 입장은 먼저 정서로 체험된다. 그 시작은 욕지기다. "나는 [일간지 『드레스덴 최신 뉴스』를] 읽을 때마다 구토가 인다. 하지만 요즘은 긴장감이 너무

2　Id., *Journal 1933-1941*, op. cit., p. 37.

3　Ibid., p. 49.

4　1933년 7월 1일. Ibid., p. 50.

5　1933년 1월 20일. Ibid., p. 54-55.

6　Ibid., p. 134.

7　1935년 1월 1일. Ibid., p. 177.

높다. 적어도 어떤 거짓말이 확산되는지 알아야 한다."[8] "종교의 광기"와 "광고의 광기"의 혼합물로 여겨지는 것 앞에서, 그는 "매사의 거짓말"이 집권한 것에 절망한다.[9] 지배 문화의 키치 앞에서, 그는 "추악함"(Schmutz)의 장악력을 느낀다.[10] 괴벨스의 최상급 앞에서("세계 최대 고속도로"), 그는 "세계 최대 치욕"이 작동함을 이해한다.[11]

또한 의미심장하게도—그리고 정황상 매우 감동적이게도—제3제국어에 관한 이 비판적 문헌학의 기획이 가장 강력하게 드러난 때는 클렘페러가 감옥의 시련을 겪던 시기, 즉 읽고 쓰는 것이 실제로 불가능해진(심지어 그의 안경도 몰수된) 시기였다. "제3제국어가 항상 나를 둘러싸고, 한순간도 나를 떠나지 않는다. […] 나는 이 도래할 책과 관계하며 살아가는 하루하루를 계속해서 모아두고 적어둔다."[12] 또한 클렘페러는 정치계의 특정한 측면들도 기록하는데, 1947년에 이르러서는 사회주의 체제와 유일당의 맥락 속에서 그것의 출간을 포기하게 된다. "민중친밀법(Volksnahes Recht). '법이란 나의 민중에게 유용한 것'이라는 정의. 게다가, 정당이 민중을 대표한다는 주장."[13] 또한, 그는 "LTI의 확산이 반대 진영까지", 즉 나날이 이로 인해 괴로움을 겪는 사

---

8   1935년 10월 5일. Ibid., p. 221.
9   1935년 11월 9일. Ibid., p. 226.
10   1935년 11월 11일. Ibid., p. 227.
11   1937년 8월 8일. Ibid., p. 361.
12   1941년 7월 20일. Ibid., p. 598.
13   1942년 3월 7일. Id., *Journal 1942-1945*, op. cit., p.42.

람들의 진영까지 가닿는다고 절망스럽게 기록한다.[14] 그는 관료적인 어휘의 표현들, 특히 금지를 의미하는 다양한 방식들을 꾸준히 채집한다.[15]

다음으로, 절멸의 공포에 대한 표현들이 파렴치한 변장으로 찾아온다. "주소를 남기지 않고 이주한(abgewandert)"—실질적인 주소는 테레지엔슈타트나 아우슈비츠-비르케나우였다—푸른 잉크의 소인이 찍혀 발신인에게 반송된 봉투들.[16] 나치즘의 시대에는 여하튼 말한다는 것은 금지하거나 강제한다는 것이다. 즉, 왜냐고 없음의 사태를 언어로 부과하는 것이다. 아침에는 이것이다가 저녁에는 그 반대이다가 하는, 이 모든 것은 "대중을 우매화함에 있어서 전체적인 가책의 부재"로 이루어진다.[17] "은어"(Jargon)가 모든 것을 지배한다.[18] "목덜미에 박힌 총탄"이라는 표현이 매일의 언어에 포함되기 시작한다.[19] 더욱 절망적이게도 클렘페러는 그의 문헌학계 옛 동료들에게서 나타나는 언어에 관련된 "나치 철학적인" 사고방식을 발견한다. "새로운 언어철학은 […] 정치에 봉사하고자 하며 […] '정치적 서광'을 단어 속에서 (der 'politische Morgenröte' im Wort), 언어 속에서 갈망한다."[20]

동일자와 뿌리의 언어, 타자와 차이에 대한 증오. 동부

---

14 1942년 3월 25일. Ibid., p. 56.
15 1942년 8월 21일. Ibid., p. 206-207.
16 1943년 2월 27일. Ibid., p. 314-315.
17 1944년 1월 1일. Ibid., p. 437.
18 1944년 2월 6일. Ibid., p. 451.
19 1944년 4월 2일. Ibid., p. 469.
20 1944년 4월 29일. Ibid., p. 475.

전선에서 아인자츠그루펜(Einsatzgruppen)이 저지르는 수탈이, 이미 프로파간다에서 일상적으로 사용되는 구문으로 말해진다. 즉, "경멸하며, 반대자를 사물(Sache)의 상태로 몰아내고 전통적인 군사 규칙을 벗어나는 전투를 벌이는 어법을 통해. 특히, 청산(liquidieren)이라는 차용어로."[21] 그럼에도, "상황이 [동쪽과 서쪽에서 독일군에게] 더욱 암담해질수록, 국가사회주의 언어의 최상급은 더욱 파렴치해지고, [급기야] 모든 적들을 유대인이라는 이름의 유일한 적으로 혼동하게 된다."[22] 연합군의 행진을 쫓아내기 위해서 드레스덴에서는 히틀러 유겐트의 행진이 "북, 나팔(제3제국의 모든 소리가 그렇듯이 잘못된 음표의 불협화음)"과 함께 조직된다.[23] 더구나, "모든 것이 비밀에 부쳐지고, 모든 이가 뜬소문으로 환원된다."[24]

---

21 1944년 7월 5일. Ibid., p. 504.
22 1944년 7월 19-20일. Ibid., p. 511-512.
23 1944년 9월 3일. Ibid., p. 537.
24 1945년 1월 18일. Ibid., p. 602.

민중의 목소리는 존재하는가?

모든 질문과 모든 타자성을 차단한 이 동일자의 언어 앞에서 무엇을 할 것인가? 클렘페러의 선택—그의 윤리적이고 학문적인 고집—은 한순간도 멈추지 않고 타인에 관해 스스로 질문을 제기하는 것이다. 심지어 그 타인이 가장 직접적인 위협의 형상을 띠고 있을지라도 말이다. 그런 고로, 이 문헌학자는 게슈타포 요원이 욕설을 외치며 그의 머리를 힘껏 때리는 때에도 그럼에도 불구하고 듣는다. 말하자면, 욕설 자체를 위해 세공해야 할 문헌학이 존재하는 것이다. 클렘페러에게 이 모든 것은 이해하려는 격렬한 의지에서 비롯된다. 우선은 이 '민중'을 이해하려는 의지다. 그가 그토록 오랫동안 한통속이라고 생각했으나 이제는 그에게 오로지 독재자들의 메시지와 거짓말만을 듣도록 다그치는 이 '민중'을. 『일기』 전체를 관통하는 강박이 있다면, 그것은 바로 여기저기서 끌어모은 관찰들로부터 주변의 민중의 목소리(vox populi)에 대한 더욱 견고한 개념을 도출하려는 강박이다. 클렘페러는 자주 자문한다. 독일의 민중은 실재적으로 무엇을 생각하는가? 그리고 대체로 아무것도 이해하지 못하고 절망한다. "나는 더 이상 민중의 심리를 믿지 않는다."[1]

그러므로 이런 정치적 상황에서 민중의 목소리는 '목소리'도 아니고 '민중'도 아니다. 더 이상 주권적 민중의 자유로운 목소리가 아니라 예속된 대중의 배체된 목소리다. "도처에 완전한 속수무책, 비겁함, 불안감."(überall vollkommene Hilflosigkeit, Feigheit, Angst)[2] "모든 사람들이, 절대적으로 모든 사람들이 죽을 만큼 두려워한다. 더 이상 그 어떤 편지도, 더 이상 그 어떤 전화 통화도, 길거리에서의 말 한마디도 고발로부터 안전하지 않다. 모두가 타자 속의 배반자와 끄나풀을 두려워한다."[3] 이렇게 그들은 "독재가 나날이 증가하는 것을 보게 되는" 것만 같다.[4] 그리하여 "모든 사람들은 저마다의 방식으로 속는데, 여기에 이 정권의 천재성이 자리한다."[5] "이 정신병이 얼마나 더 지속될 것인가?" 1934년 5월 13일에 한 의사의 입을 통해 들은 이 질문을 클렘페러는 머지않아 1934년 8월 21일에 다시 스스로에게 묻는다.[6]

그러므로 정신병이다. 일반화된 편집증이다. 이는 상징계의 배제다. 즉, 목소리는 더 이상 목소리가 아닌데, 특히 의무적인 증오의 슬로건을 목청껏 외칠 때조차도 그렇다. 이는 상상계

---

1   1933년 4월 3일. Id., *Journal 1933-1941*, op. cit., p. 32.
2   1933년 5월 15일. Ibid., p. 40.
3   1933년 8월 19일. Ibid., p. 62.
4   1934년 2월 16일. Ibid., p. 98.
5   1934년 2월 24일. Ibid., p. 101.
6   Ibid., p. 113 et 142.

의 봉쇄다. "그렇다, 그 누구도 독재 없이 통치할 수 있다고 더는
상상할(vorstellen) 수 없다."7 "더러운 예속 상태가 독일의 정신
속으로(im Sinn) 완전히 [들어왔고, 이는] 모든 독일인의 90퍼센
트의 의지에 정말로 부합한다."8 이 동일한 정권하에서 아무리 세
월이 흘러도, 클렘페러는 숱한 회피와 굴종에 끊임없이 새롭게 놀
랄 것이다. "아마도 히틀러주의는 내가 기꺼이 인정하고 싶었던
것보다 훨씬 더 심층적이고 견고하게 민중 속에 뿌리내렸고(im
Volk wurzelt) 독일의 본성에 더욱 부합하는 것 같다고 나는 또다
시 혼잣말을 했다. […] 비열함, 과대망상, 무력하고 끔찍한 광란
이 [히틀러에] 혼합되어 있다. 더 끔찍한 것은 독일이 순순히 그것
에 통치된다는 사실이다."9 하지만 문헌학자는 또다시 수차례 끈
질기게 질문을 제기한다. "그래서 진정한 민중의 목소리란 무엇
인가?"10

　　언제나 더욱 위협적인 박해를 다달이 겪으면서, 곧 클
렘페러는 민중의 목소리(vox populi)가 다만 제국의 언어(lingua
imperii)에 대립하는 미약한 신호일 따름임을 이해한다. 그리고
그가 주민의 "삶의 기분"(Lebensgefühle)이라고 일컬은 것에 대
한 불안한 연구를 수행하면서,11 클렘페러는 언제나 더욱 커다란
난관에 부딪힌다. 민중의 목소리에 대한 그의 성찰은 1942년부터

7　1934년 12월 30일. Ibid., p. 173.
8　1935년 1월 15일. Ibid., p. 179.
9　1937년 7월 13, 19일. Ibid., p. 356-357.
10　1941년 11월 1일. Ibid., p. 656.
11　1942년 3월 8일. Id., *Journal 1942-1945*,
　　op. cit., p. 43.

드물어지는 경향을 보이는데, 이는 유대인에게 부과된 언제나 더욱 혹독한 고립과 특히 유덴하우스에 집합해야 하는 의무 때문이다. 클렘페러는 기회가 닿자마자 민중의 목소리에 대한 문제에 포함될 수 있는 가장 일시적인 사건들을 기록한다. "어제저녁 보름스 거리에서 나이가 지긋한 노동자가 […] 내 뒤에서 자전거를 타고 오다가, 내 지근거리를 지나치며 선량한 아버지의 목소리로 내게 말한다. '동지여, 곧 바뀔 거요, 안 그렇소?… 아주 곧이요, 희망을 가지시게.' 이 말과 함께 그는 핸들을 꺾어 옆길로 접어든다…. 한편, 그저께 정오 무렵에는 어떤 가족이 나를 지나친다.[물론 클렘페러의 외투에는 노란 별이 꿰매져 있었다.] 나는 아버지가 아이에게 현학적인 어조로 (목소리를 높여) 아이의 질문에 확실히 대답하듯 말하는 걸 듣는다. '네가 유대인이 어떻게 생겼는지 알기 위해서는.'" 그리고 클렘페러는 가슴을 저미는 똑같은 질문으로 이 일기를 끝맺는다. "그러므로 훌륭한 민중의 목소리란 무엇인가?"[12]

주민의 "기분"이란 무엇인가? 사태의 특정한 단계부터는, 전면적인 박해의 실재 속에서 이는 더 이상 고려조차 되지 않거나 거의 고려되지 않는다. "한 나이 든 어르신이 […] 발트파르크의 출입로를 나와서 로트링어길을 가로질러 나에게 오더니 내 손을 잡고 분명한 격식을 갖춰 내게 말했다. '당신의 별을 봤소. 당신에게 인사를 건네고 싶소. 나는 이렇게 인종을 추방하는 것을 규탄하오. 이렇게 생각하는 사람이 나만 있는 것이 아니오.' 나는 답했다. '정말 고맙습니다―하지만 어르신은 저한테 말할 수 있는

12　1943년 6월 23일. Ibid., p. 372.

권리가 없으셔서, 저는 목숨을 잃을 수 있고, 어르신은 감옥에 갈 수 있습니다.'—그렇소, 알고 있소, 라고 그가 내게 답했다. 하지만 그는 절대적으로 내게 말하길 원했고, 이것은 그에게 의무와 같은 것이었다.—민중의 목소리들이 합창한다. 결단을 내릴 우세한 목소리는 무엇인가?"[13]

13   1943년 7월 19일. Id., *Journal 1942-1945*, op. cit., p. 379-380.

잇따른 탄압

그런데 클렘페러 본인의 "기분"은 무엇이었는가? 그의 『일기』를 펼쳐 들면, 그의 말들이 증언의 기능을 하느라 "아무런 파토스 없는" 것이 되어 그 배후에는 아무것도 찾을 게 없겠다는 생각이 금세 든다. 분명히 클렘페러는 사실들—특히 언어적 사실들—을 증언하고자 하지만, 이는 사실들이 그것들을 겪은 사람 안에서 솟아난 정서들로부터 격리되었음을 의미하지는 않는다. 사실들과 정서들의 격리야말로, 그가 적의 언어가 펴는 전략을 보며 진단한 근본악을 구성하는 것이다. 그렇기 때문에 클렘페러는 마음의 표현을 삼가면서도, 『일기』 속에서 진술된 사실을 표현할 때마다 그의 정서가 자유롭게 스며들도록 놔둔다. 게다가 기록된 사실들의 몽타주나 연합만으로도 작가가 독자를 위해 증언하는 충격과 동요 같은 것이 그의 글쓰기에서 매우 빈번히 전달된다. 각각의 새로운 사실마다, 시간이 스스로 감동하며, 두려움 없이 선명하게 노출되는 정서의 어법을 생산한다.

클렘페러가 『일기』에서 진술하는 단순하게 계속되는 관료적인 탄압으로도 충분히 기분의 모든 기로를 지칭할 수 있다. 그것은 불의, 공포, 대기, 불안, 욕지기, 모욕 등의 기분이다. 전체주의 언어는 현실 속에서 점점 더 날것으로 잔혹하게 효과를 발휘하는 것으로 보인다. 그것은 매번—클렘페러의 글쓰기와 그가 겪은 시간 속에서—청천벽력처럼 떨어진다. 처음에 이 문헌학자는 학생들이 격투기를 훈련해야 해서 몇몇 강의를 휴강할 수밖에 없다.[1] 이후에 편집자 토이브너는 그에게 그와 관련된 모든 출판 계획을 취소한다고 통보한다.[2] "월요일, 내 강의와 세미나에 아무도 없다. 간담이 서늘하다."[3] 도서관은 치워질 "유대인 도서" 목록을 작성한다.[4] "여기저기서 유대인 박해가 시작되고, 우리는 언제든지 살해당할 것을 각오한다."[5] 토이브너의 결정은 확대된다. "비(非)아리아인 저자들과의 출판 계약은 더 이상 유효하지 않다."[6]

같은 시기에 클렘페러는 뉘른베르크의 "독일혈통법" 공고를 읽는다. 유대인들이 시민권을 박탈당한 것이다. "욕지기로 병들 지경이다."[7] 그는 이제는 해산된, 그가 몸담은 로망어학 연구소의 도서관에서 대출한 모든 책을 반납해야 한다.[8] "오늘 아침, [대학] 도서관으로부터 비(非)아리아인인 나는 더 이상 열람

---

1   1933년 10월 9일. Id., *Journal 1933-1941*, op. cit., p.71.
2   1934년 1월 27일. Ibid., p. 91.
3   1934년 5월 13일. Ibid., p. 112.
4   1935년 2월 13일. Ibid., p. 185.
5   1935년 8월 11일. Ibid., p. 211.
6   1935년 9월 15일. Ibid., p. 213.
7   1935년 9월 17일. Ibid., p. 217.
8   1936년 7월 8일. Ibid., p. 275.

실을 이용할 권리가 없다는 정중한 통보를 받았다."9 클렘페러가 쓴 책들도 서가에서 치워지며, 사유하고 지식을 전달하는 삶이 모두 사라진다.10 그리고 그의 집에는 "다윗의 별과 유대인이 적힌 대형의 노란 종이"를 붙여야 한다.11 이제 대문자 "J"가 그의 신분증에 찍힌다.12 이와 함께, 그는 "바이마르 부근의 수용소(짐작하기로는 부헨발트)에 관한 매우 침울한 사태들"이 전해진다고 적는다.13

삶은 막무가내로 쪼그라든다. 탄압의 세세한 부분이 이에 일조한다. "모든 유대인들의 운전면허증 박탈."14 게슈타포가 "금서"를 찾기 위해 클렘페러의 자택에서 첫 번째 가택 수색을 실시한다.15 그의 배급권 일부가 삭제되는데, 이는 유대인 주민들을 굶주리게 만드는 장기적인 과정의 시작이다.16 이미 실시된 국외 라디오 청취 금지는 이제 위반 시 사형이 뒤따른다.17 클렘페러는 자택을 "아리아인 점유자"에게 임대할 것을 강요받고, 또한 가축 차량에 유대인 주민을 잔뜩 실은 "기차들 전체가 동쪽으로 달린다"는 것을 알게 된다.18

9   1936년 10월 9일. Ibid., p. 304.
10 1936년 10월 18일. Ibid., p. 311.
11 1938년 3월 20일. Ibid., p. 386.
12 1938년 8월 10일. Ibid., p. 405.
13 1938년 11월 25일. Ibid., p. 417.
14 1938년 12월 6일. Ibid., p. 426.
15 1939년 10월 6일. Ibid., p. 475.
16 1940년 2월 11일. Ibid., p. 493.
17 같은 날짜. Ibid.
18 1940년 4월 10일과 7월 14일. Ibid., p. 496 et 521.

드레스덴에서 "모든 유대인들에게 전화가 철거, 금지되었고," 모든 "유대인 재봉틀"이 압수된다.[19] 또한 "유대인들에게 과세가 추가된다."[20] "오늘 아침, 우유 장수가 이곳까지 올라오기를 거부했다. 그는 더 이상 유대인 가정에 우유를 제공할 권리가 없다."[21] 며칠이 지나자 오렌지가 더 이상 클렘페러에게 판매되지 않는다.[22] "유대인 타자기"가 몰수되고, "이건 내게 큰 손실이다. 누가 내 글쓰기를 읽을 수 있을까?"[23] 다음으로, "새로운 불행이다. 유대인에게 담배는 이제 없다."[24] "유대인 완장"이 의무화되고, "도시 경계 이탈 금지"가 수반된다.[25] 그리고 이제 "더 이상 버스를 이용할 권리가 없다."[26] 동시에 "유대인의 폴란드 강제 이주에 관련된 점점 더 가혹한 정보들"이 회자된다.[27] 새로운 압수 품목으로 "오페라글라스와 사진기"가 지정된다.[28]

그러므로 나치 정권이 모든 주민에게 부과한 전쟁 동원령은, 유대인 주민에게 끊임없이 가한 증오의 사실들과 잘 부합한다. 한겨울에도 "모피를 거둬들인다. 유대인들로부터 양모와

19 1940년 8월 11일, 30일. Ibid., p. 526 et 530.
20 1941년 1월 5일. Ibid., p. 549.
21 1941년 3월 1일. Ibid., p. 561.
22 1941년 3월 13일. Ibid., p. 563.
23 1941년 7월 27일. Ibid., p. 629.
24 1941년 8월 10일. Ibid., p. 632.
25 1941년 9월 18일. Ibid., p. 637.
26 1941년 9월 18일. Ibid., p. 643.
27 1941년 10월 25일. Ibid., p. 653.
28 1941년 11월 18일. Ibid., p. 660.

모피 의류를 압류했다."[29] 이 모든 건 곧잘 기괴한 부조리의 모습을 취한다. 즉, 우표 수집품과 면도용 비누도 압수한 것이다.[30] 빵집에는 "유대인에게 더 이상 케이크를 내놓을 권리가 없습니다"라는 푯말이 붙는다.[31] 마찬가지로 1942년 겨울, (2월 15일부터) 클렘페러는 눈 치우는 고된 부역에 동원된다. 봄이 돌아오자 "유대인의 꽃 구매 금지가 공포되었다. 단 하루도 유대인에게 반대하는 새로운 처분이 내려지지 않는 날이 없다."[32] 그러므로, 단 하루도 생필품을 마련하기—그리고 숨기기—위한 새로운 생존 전략을 고안하지 않아도 되는 날이 없고, 그새 공포된 법률에 따르면 "유대인들은 식품의 여분을 비축할 권리가 없다."[33] 이제 유대인들이 "기차역으로 들어오는 것"이 금지된다.[34]

　　나치 정권이 지속되고 클렘페러의 『일기』가 탄압의 사실들을 기록한 지 이제 곧 10년이다. 1942년부터는 절멸의 사실들이—그러므로 문헌학자의 온 주변을 덮친 죽음이—『일기』에 추가되고 편재하게 된다. 도처의 자살("유대인 사탕"이라는 별칭이 붙은 베로날), "배출해야 할 사람들"의 목록…. 동쪽에서의 학살에 관한 정보들은 말할 것도 없다. "키이우에서 끔찍하게 학살당한 유대인들. 어린아이들, 벽에 부딪혀 깨진 머리, 기관총에 스러

29　1942년 1월 13일. Id., *Journal 1942-1945*, op. cit., p.13.
30　1942년 1월 29일, 2월 6일. Ibid., p. 19 et 22.
31　1942년 2월 15일. Ibid., p. 27.
32　1942년 3월 16일. Ibid., p. 49.
33　1942년 3월 27일. Ibid., p. 57.
34　1942년 4월 2일. Ibid., p. 59.

진 수천 명의 남자들, 여자들, 청소년들."35 독일에서는 미성년자
보호법이 유대인에 대해서는 폐지된다.36 클렘페러와 그의 부인
에게 반려동물 금지가 통고된다. 그러므로 이들은 마지못해 이들
의 고양이를 안락사시켜야 한다.37 이 시기의 『일기』에는, 그러
한 시대에 진정한 "기분의 혼란"(Gefühlsverwirrung)에서 솟아
난 "연민"이나 "동정"(Mitleid)의 정서가 무엇일 수 있는지에 관
한 질문이 들어선다.38

　　게슈타포의 가택 수색 때문에 클렘페러는 이 모든 것
을 개진할 시간을 확보하지 못한다. 집이 "야만스럽게 유린된
다."39 유대인이 "아리아인 이발소"에 가는 것과 자전거를 타는
것이 금지된다.40 다음 달 초, 클렘페러는 박물관 입장 금지부터
긴 의자 사용 금지를 거쳐 불명예스러운 노란 별의 부착까지 나치
의 모든 조치들을 요약하는 목록을 수립할 필요를 느낀다.41 새로
운 가택 수색 중에 그는 로젠베르크의 『20세기의 신화』로 가격을
당하지만, 결국 글쓰기에 대한 그의 결단은 오직 강화될 뿐이다.
"기필코 일기를 써나갈 것이다. 나는 끝까지 증언하기를 원한다
(ich will Zeugnis ablegen bis zum letzten)."42 하지만 그는 "오늘
날 체포된다는 것은 현장에서 당장 암살당한다는 것과 같고, 이제

35　1942년 4월 19일. Ibid., p. 67.
36　1942년 5월 3일. Ibid., p. 76.
37　1942년 5월 15-19일. Ibid., p. 84-88.
38　1942년 5월 18일. Ibid., p. 87-88.
39　1942년 5월 23일. Ibid., p. 91.
40　같은 날짜. Ibid., p. 94.
41　1942년 6월 2일. Ibid., p. 104-105.
42　1942년 6월 11일. Ibid., p. 115-120.

는 더 이상 수용소를 거치지도 않는다"는 사실도 잘 알고 있다.[43]

그는 자기 부인에게서 "심하게 굶주린 사람들의 전형적인 배"를 발견한다.[44] 그는 여전히 전쟁의 상황을 알아보려 시도한다. 유대인에게 내려진 금지에도 아랑곳없이 말이다. "신문을 갖고 있거나 신문을 사는 것 […] 자택에서 신문이 발견되는 것만으로도 아우슈비츠행이다."[45] 그는 주변에서 수용소로 떠나기 위해 "선별된" 사람들이 어떻게 반응하는지 관찰한다. "배출되는 각자는 무언가를 남기려 한다. 그러나 오늘 그걸 물려받은 사람은, 내일 배출되거나 암살되는 사람이다."[46] 그동안 "종이 부족이 심각해서 달력 종이 한 장조차 어디서도 찾을 수 없다. […] 빵집에서 나에게 빵을 거부했다. […] 나는 성냥 한 개비조차 찾지 못했다."[47] 지금 그는 공장에서 일상적인 노동을 10시간씩 해야 한다.

하지만 그는 계속해서 관찰하고 듣고 읽고 기록한다. "바르샤바가 피바다를 이루었을 것이다. […] 여러 날 동안 화염이 타오르고 수천 명의 사망자가 생겼을 것이다."[48] 게슈타포의 소환 명령을 받자, 그는 "나는 죽음과 대면하고 있다. […] 나는 에바에게 비장한 작별 인사를 하고 싶지는 않다"라고 쓴다.[49] 그는 한 번 더 생존할 것이다. 그는 약간의 과자를 대가로 한 아이를—

43 1942년 7월 25일. Ibid., p. 172.
44 1942년 8월 29일. Ibid., p. 215.
45 1942년 11월 4일. Ibid., p. 255.
46 1942년 11월 21일. Ibid., p. 263.
47 1943년 1월 1-6일. Ibid., p. 285-286.
48 1943년 6월 1일. Ibid., p. 361.
49 1943년 8월 1일. Ibid., p. 386.

나치 정권이 오래전부터 유대인 대상의 모든 교육을 금지했으니 당연히 비밀리에—가르친다.[50] 드레스덴 상공에서 공습경보가 증가한다. 테레지엔슈타트에서 유대인을 가스로 죽인다는 소문이 분명해진다.[51] 클렘페러는 그가 최근에 접한 책들이 오래전부터 더는 소유자가 없는 것들임을 깨닫는다. 책들이 "주인 없이 […] 마치 무국적자처럼 손에서 손으로 건네지며" 남아 있었다.[52]

그를 수용소로 '호송'하기 위한 소환을 앞둔 전날 밤, 즉 1945년 2월 13일에서 14일로 넘어가는 밤, 드레스덴이 연합군 공군에 의해 파괴된다. 『일기』는 이 지옥 같은 순간들의 거의 경악스러운 이야기를 보존하고 있다. "어째서 나는 그 무엇도 세부적으로 볼 수 없고, 어째서 줄곧 나는 내 오른편의 과장된 화염과 내 왼편의 불타는 들보들과 조각들과 서까래들만을 보고 있는가[…]?"[53] 이건 마치 하늘에서 내려온 운명이—또는 역사의 광기가—이런 믿기 어려운 생존의 서사시에 새로운 일화를 불의 글자로 적어 내려가는 것과 같다.(도판 2) 그리하여 또 다른 이야기가 시작된다. 마침내 연합군이 도착하고, 에바와 함께 독일의 도로들을 따라 도피하는 빅토르 "클라인페터"(Kleinpeter)의 이야기가.[54]

50 1944년 1월 4일. Ibid., p. 438.
51 1944년 8월 20일. Ibid., p. 528.
52 1944년 8월 21일. Ibid., p. 529.
53 1945년 2월 22-24일. Ibid., p. 623.
54 Ibid., p. 630-974.

도판 2. 익명의 독일인, 미군 폭격기 비행 편대가
드레스덴 상공에 남긴 연기 흔적, 1945년 1월 16일.
필름 사진. 드레스덴, 시립문서보관소. Photo DR.

정서적 사실의 글쓰기

"나는 끝까지 증언하기를 원한다." 그러니까 이것이 클렘페러가 게슈타포 요원에게 얻어맞으며 가장 큰 모욕을 겪은 그날에 내린 주요한 결단이었다. 그런데 이 "끝까지"를 어떻게 이해할 것인가? 먼저, 이렇게 말하는 듯하다. "죽는 순간까지도 여전히 나는 증언하기를 원할 것이다." 또한, "나는 이야기해야 한다, 내가 목도할 수 있었던 모든 것을, 내 자신이 속한 유대인 주민들에게 히틀러 정권이 전체주의 언어를 통해 겪게 만든 것에 대해." 끝으로, "그러므로 나는 나치 정치의 속박과 전체주의 언어, 제도화된 반유대적인 증오하에서 내가 몸소 겪은 지옥 같은 밤과 낮을 이야기해야 하리라."

그러므로 "끝까지 증언하기"란 증언하는 대상에 거침없이 자기 자신을 포함하는 것이다. 그러므로 그것은 자기의 감정들을 증언하기이다. 게다가, 전체주의 언어를 관찰함으로써 어떻게 이 언어가 주체들에게 격리된 감정들을 부과하여 독재를 그럴

듯하고 심지어 효과적인 것으로 만드는지 알게 된다면, 그렇다면 자기의 고유한 되찾은 감정들을 증언할 수 있어야 할 것이다. 장-자크 루소나 제임스 조이스와 같은 감탄스러운 작가들처럼, 그들을 검열하거나 일방적으로 몰아가는 탄압의 환경에 의해 소외되거나 격리되거나 사물화되지 않은 감정들을 증언할 수 있어야 할 것이다. 따라서 클렘페러가 떠맡은 증언의 윤리―프리모 레비, 로베르 앙텔므, 또는 임레 케르테스와 같은 작가들에게서 발견되는 것과 동일한―에는 어떤 감정들의 진실을 의연하게 드러내리라는 결단이 존재한다. 물론 이는 감상주의적인 나르시시즘의 성향과는 전혀 무관한 것이다. 언제나 감상주의는 감정들의 진실이 훨씬 더 고통스럽게 표명하는 바를 회피한다. 즉, '정서적 사실'의 취약성, 날것임, 심지어 잔혹성, 갈등상태를 회피하는 것이다. '정서적 사실'은 어떤 주어진 상황을 인내하는 사람에게서 솟아난다. 심지어 그 사람이 그것에 대한 글쓰기를 시도하기 위해 필요한 거리를 취할 때마저도 말이다.

　　이렇게 클렘페러는 『일기』에서 적대적인 주변인을 포함한 모든 주변인뿐만 아니라 자기 자신의 정서적 사실까지 기록하기를 결코 꺼리지 않는다. 거짓된 절제 없이 그는 이야기되는 각각의 사건을 어떤 감정과―나아가 다양한 감정들의 집합체와―연합시키는데, 이는 올곧은 증언이 그에게 요구하는 바이기도 하다. 그런데 어째서 그 자신의 감정도 증언해야 했을까? 사실과 행위와 수탈의 현실만으로 충분하지 않았을까? 임의의 심리 이론을 만들 시간도 욕구도 없던 클렘페러의 암묵적인 대답은, 감정이 다른 모든 역사 자료와 동등한 자격으로 소환될 가치가 있다는 것이다. 실체적 사실이 구체적인 현실에서 일어나며 언어적 사실이 사회적 공간에서 교환된다면, 이와 평행하게 감정은 영혼과 신체에서 나타난다. 요컨대, 징후로서 나타난다.(더욱이 이는 클렘페러가 꽤 자주 사용하는 단어다.) 역사의 상황과 분위기와 환경을 설명한다는 것은, 연대기적으로 식별되는 구체적인 사실이나 행위는 물론이고 언어적 사실과 이에 동반된 정서적 사실도 잊지 않는 것이다. 그 사실들은 흐르는 지속 안에서 또 다른 시간 같은 것이 드러나게 만든다. 즉, 횡단적이고 대체로 시대착오적인 시간, 주체와 역사가 더욱 심층적으로 관계하는 시간.

처음에 클렘페러의 기획은 "역사적 사건을 그 자체로 기술하는" 것이 아니었고—더군다나 언론과 풍문으로 제한된 그의 인식으로는 접근할 수도 없는 것이었다—유대인 주민들이 겪은 "억압의 범위"를 기술하는 것마저도 아니었고, 그가 어느 순간 심리적 "우울증"(Depression)이라는 말로 요약한 사태를 기술하는 것도 더더욱 아니었다.[1] 하지만 앞서 보았듯이 그는 여전히 그래도 억압의 범위와 주관적인 "우울증"의 순간에 대한 세심한 연대기를 써 내려갔다. 어느 정도냐면, 예컨대 괴벨스의 담화를 다루는 단락에서 그는 다음과 같이 썼다. "가장 침울한 것은 우리 작은 고양이의 상황이다."[2] 분명히 그는 자기 자신을 다그친다. "침착하라, 침착하라!"(Nerven behalten. Nerven behalten!)… 그리고 몇 줄 더 내려가면, 한 번 더 "침착하라!"[3] 그러나 감정이 동하게 하지 말라는 이 반복적인 명령 속에서 어떻게 차오르는 감

---

1   1938년 11월 25일. Id., *Journal 1933-1941*, op. cit., p. 420.
2   1939년 9월 10일. Ibid., p. 469.
3   1941년 10월 9일. Ibid., p. 652.

정의 모든 역량을 보지 않을 수 있는가? 그러니 『일기』의 여정이 끝날 때까지 클렘페러는 그가 쉼 없이 해온 일을 떠맡을 것이다. "나는 내가 수확한 기분들을 기록한다."(ich gebe die Ausbeute der Stimmungszeichen.) 4

우선, 『일기』에는 정서적 혼동 상태가 등장한다. 그렇다면 혼합되거나 분열된 이 모든 어수선한 감정들, 여기서는 교착되고 저기서는 대치되는 감정들을 어떻게 글로 쓸 것인가? 예컨대, 1933년의 글을 보자. "이상하게 혼합된 기분들(eigentümliche Stimmungen). 다시 갈피를 잡고 자신의 역할을 다하는 것 등에 대한 기대, 희망, 체념, 욕망."5 그가 스스로 "전반적인 상황에 대한 징후적 꿈"(für die allgemeine Lage charakteristischer Traum)이라고 일컬은 것―『일기』에 드물게 기록된 꿈 이야기 중 하나―안에서, 클렘페러는 이렇게 몹시 적대적인 세계 속에서 진정한 "적이 누구였는지," 그리고 무언가를 기대하려면 어느 편에 서야 했는지 알기 위해 절망적으로 애썼던 것을 기억한다.6 이는 그가 역사학자이자 이성적 인간으로서 느낀 불안에 정확히 상응한다. "그러므로 누가 역사를 만드는가? 누가 참된 사태의 흐름을 식별하는가?"7

이로부터 클렘페러가 겪은 방향 상실의 기분에 관한 수많은 표현이 비롯된다. "정치적으로 완전히 길을 잃은."8 "우리

4   1945년 1월 27일. Id., Journal 1942-1945, op. cit., p.605.
5   1933년 11월 22일. 4d., *Journal 1933-1941*, op. cit., p. 79.
6   1936년 4월 24일. Ibid., p. 255.
7   1937년 9월 25일. Ibid., p. 369.
8   1939년 9월 18일. Ibid., p. 472.

는 제시간에 도래할 반전(反轉)을 믿고자 절망적으로 애쓰지만, 정말로 그것을 믿지는 않는다. […] 모든 것이 모호하게 남아 있다."9 클렘페러는 붉은 군대의 진격을 알게 되었을 때에도 다음과 같이 쓴다. "이제 유대인의 희망은 강제 수용을 비롯한 더욱 심한 조치들에 대한 새로운 공포로 변한다. […] 그리고 만약 유대인 박해가 시작되었다면? 그리고 만약… 너무 많은 가능성이 있다. […] 상황에 대한 절대적인 불투명성. […] 절대적인 무지."10 드레스덴 대폭격이 일어나기 며칠 전, 이 문헌학자가 증언한 것은 "뒤섞인 기분(Mischstimmung), 즉 죽음과 해방에 근접한 기분이다. 러시아군은 크라쿠프의 문턱에 있고, 영미 폭격기는 우리의 머리 위에 있고, 게슈타포는 우리의 뒤에 있다."11

그러므로 근심이다. 꾸준한 공포다. 왜 빅토르 클렘페러는 그의 수많은 지식인 동료들처럼 이주하지 않는가? 게르트루트 빙이 런던으로 이전한 바르부르크 연구소에서 이런 의미로 그에게 편지를 보내자, 이 문헌학자는 자기 자신를 위해 다음과 같이 기록한다. "단지 해결책이 없는 것뿐만이 아니다. 그 이상으로, 나는 모든 해결책이 근심스럽다."12 1941년, 유대인의 이주가 금지되고, 그는 말한다. "우리의 모든 망설임이 끝난다. 운명이 결정하리라. 전쟁 중에 우리는 떠날 수가 없고, 전쟁 후에 우리는 더 이상 떠날 필요가 없다. 어떤 방식으로든, 죽어서든 살아서

---

9   1940년 1월 13일. Ibid., p. 491-492.

10   1943년 7월 4, 26, 27, 29일. Id., *Journal 1942-1945*, op. cit., p. 374 et 384-385.

11   1945년 1월 18일. Ibid., p. 602.

12   1938년 1월 8일. Id., *Journal 1933-1941*, op. cit., p. 380.

든."[13] 공포가 남아 있다. 떠남의 공포, 남음의 공포, 머무름의 공
포, 어떤 좋은 결단을 내려야 할지 결코 알지 못한다는 공포. 확실
히 『일기』에는 공포가 편재한다. "죽음에 대한 생각이 더 이상 나
를 떠나지 않는다."[14] 그리고 그 생각과 더불어 갑작스러운 심장
의 고통이 매해 매일 반복된다. "최소한의 당황만으로도 내가 의
식하기도 전에 내 심장이 타격을 입는다."[15] 클렘페러는 이것
이 "나의 계속되는 메멘토"라고 쓴다.[16] "걸을 때의 내 심장 문
제가 점점 더 심각해진다. 단 하루도 죽음을 정면으로 마주하지
않은 날이 없다(kein Tag, an dem ich den Tod nicht vor Augen
habe)."[17]

그의 시력마저 문제가 된다. 그와 같은 강박적인 독자
이자 작가에게는 재앙이다. 그러므로 혼동, 방향 상실, 근심에 지
속적인 압박이 뒤섞인다. 처음부터 그랬다. "압박, 압박, 압박(Bed-
rückung, Bedrückung, Bedrückung). 더 이상 아무도 자유롭게 숨
쉬지 못한다."[18] "이 옥죄는 기분이 너무나 견디기 힘들다."[19] "그
리고 항상, 하루 종일 압박을 느끼며 질문한다(den ganzen Tag
über den Druck). 우리는 무엇이 될 것인가?"[20] 이 질문은 객관적
으로 죽음의 위험을 지칭하는 만큼 더더욱 주관적으로 치명적인

13 1941년 7월 27일. Ibid., p. 629.
14 1942년 1월 12일. Id., *Journal 1942-1945*, op. cit., p. 12.
15 1945년 1월 20일. Ibid., p. 604.
16 1934년 11월 4일. Id., *Journal 1933-1941*, op. cit., p. 163.
17 1935년 10월 31일. Ibid., p. 224.
18 1933년 3월 27일. Ibid., p. 28.
19 1933년 7월 9일. Ibid., p. 52.
20 1940년 3월 17일. Ibid., p. 495.

질문이다. 그러므로 압박감은 실질적으로 가중되는 상황에 대한 반응이다. 심지어 아무것도 변하지 않은 것처럼 보일 때조차도 모든 것이 돌이킬 수 없게 가중된다고 생각할 수 있다. "정치적 상황이 변한 건 없다. 하지만 암암리에 가중되고 있다."[21] "시간이 멈춘다. 아무것도 변하지 않는다. 언제나 동일한 은밀하고 치명적인 불확실성, 그리고 속박."[22] 그러므로 모두가 차례차례 처형되고 있는데, 이런 조건하에서 어떻게 매 순간 자문하지 않을 수 있겠는가. "내 차례는 언제인가?"

　　루소와 프루스트와 제임스 조이스를 읽은 클렘페러는 모든 감정이 다만 변용되는 시간(temps affecté)의 징후임을 잘 알고 있다. 『일기』에는 이런 종류의 기분에 대한 언급이 수없이 많다. "나는 역사가 질주하는지 답보하는지 알지 못한다. […] 오로지 숨을 참고 있는 기분뿐이다."[23] "임박한 반전(反轉)에 대한 희망에 다시금 회의적인 막연한 기다림이 뒤따랐다."[24] "나는 모든 것을 기대한다. 아니면 차라리 나는 아무것도 기대하지 않는다 (vielmehr: ich rechne mit nichts). 나는 침울하고 무기력하게 기다린다."[25] "나로서는 '얼마나 많은 시간을 더?'라는 기분을 [느낀다]."[26] "나는 이 비어 있으면서 어수선한 분주함, 이 절대적인 불확실성으로 가득한, 쇠약하게 만드는 동시에 마비시키는 혼돈 속

21　1939년 6월 20일. Ibid., p. 456.
22　1939년 7월 25일. Ibid., p. 459.
23　1934년 8월 1일. Ibid., p. 134.
24　1934년 12월 4일. Ibid., p. 169.
25　1935년 9월 29일. Ibid., p. 218.
26　1937년 3월 27일. Ibid., p. 331.

으로 언제나 더욱 깊숙하게 빠져든다."[27] "우리는 너무 이른 두려움과 너무 늦은 두려움 사이에서 망설인다. […] 그리고 한결같은 기다림."[28]

　　　이런 기다림은 무한한 고통이다. 1942년, 클렘페러는 세기 초 러시아의 유대인 박해 시기에 속하는 시온주의 작가 슈마르야 레빈에게서 읽은 하시디즘적인 재담을 인용한다. 그것은 신에게 던지는 청원—거의 규탄—이다. "당신, 당신은 기다릴 수 있고, 당신에게 천 년은 하루와도 같죠—그렇지만 우리, 우리는 기다릴 수 없어요."[29] 따라서 "기대를 갖는 욕지기나는 기분"(das ekelhafte Gefühl der Erwartung)이다.[30] 모든 가능성으로 불안하게 열린 시간이다. "그것은 파국의 시작을 의미할 수 있다. 가능한, 그렇지만 필연적이지 않은."[31] 그러므로 이런 상황에서 그의 정서적 사실을 글로 쓴다는 것은, 이런 모든 순간의 불안을 증언한다는 것으로 귀착한다—사실상 모든 순간은 하나의 교차로로 등장하는데, 여기서 생존의 기로로 접어들지 죽음의 기로로 접어들지 여부는 아무것도 예상하지 못한 채로 결정된다.

2 7　1937년 3월 27일, 1938년 12월 15일. Ibid., p. 428.
2 8　1939년 1월 17일과 3월 6일. Ibid., p. 442 et 447.
2 9　1942년 2월 8일. Id., *Journal 1942-1945*, op. cit., p. 23.
3 0　1942년 3월 7일. Ibid., p. 42.
3 1　1942년 12월 22일. Ibid., p. 277.

곤경과 욕지기가 분기할 수 있도록

그러므로 "끝까지 증언하기"다. 언어와 정서의 끝까지, 사실의 끝까지. 빅토르 클렘페러가 명시적으로 이런 결단을—1942년 6월 11일 게슈타포의 너무나 모욕적인 가택 수색을 겪은 후에—내리기 전부터,[1] 이를테면 그의 글쓰기의 욕망은 이미 그에게 결정된 것이었다. 그리고 이는 처음부터 문학적인 내면 성찰의 측면에서 이루어졌는데, 여기서 정서들이 그가 증언하는 말의 기관 자체로서 자주 전면에 등장했다. 그는 히틀러가 정권을 잡고 고작 20일쯤이 지난 후에 "나는 대문자 역사를 쓰지 않는다"라고 밝힌다. "그러나 내가 겪을 수 있으리라고 믿었던 것보다 더욱 강한 이 분노(Erbitterung), 나는 이것을 기록해야 한다."[2] 그런데, 즉시 뒤따르는 페이지에서 매우 현저한 일종의 몽타주가 자연스럽게 구축되

1 Ibid., p. 119.
2 1933년 2월 21일. Id., *Journal 1933-1941*, op. cit., p. 20.

어, 증언 능력에 관한 여러 다른 접근법들이 서로 대응하고 서로 결합한다. 정치적 관점("공산당 금지[와] 사방의 우파 테러"), 윤리적 관점("모두가 입을 다물고 굽신거린다"), 감정적 관점("죽음이 온통 내 주위에 있다")이 그것이다.3

이처럼 클렘페러의 『일기』는 실존과 사유의 모든 수준에서 체험된 곤경의 글쓰기로 곧바로 전개된다. 이것은 고독한 만큼이나 연대의—집단의—곤경이다. "전화가 안전하지 않고 모든 사람들이 짓눌리고 불안하여, 우리는 오전이나 오후에 끊임없이 손님을 받고, 이로 인해 신경이 곤두서게 된다. […] 언제나 동일한 논의(gleichen Gespräche), 동일한 절망(gleiche Verzweiflung), 동일한 동요(gleiche Schwanken) […], 언제나 동일한 욕지기(gleiche Ekel)."4 이 부부의 삶은 우울증에 관련한 일종의 평준화 과정의 리듬을 띠게 된다. "사태는 흘러 날마다 몇 시간은 에바가 완전히 우울해하고, 몇 시간은 내가 그렇고, 몇 시간 동안은 우리 둘 모두 우울해하기에 이른다."5 그리고 이렇게 시간은 지나간다. "죽음의 문턱에 있다는 더욱 강한 이런 기분[으로] 절망하지 않기란 어려운 일이다."6

이런 나치의 지옥이 결말을 맞기 10년 전에, 이미 클렘페러는 "나는 내가 진이 다 빠졌다고 자주 중얼거린다"고 썼다.7 지식인으로서의 전망이든, 시민으로서의 삶이든, 그냥 삶이든 그

3　같은 날짜. Ibid., p. 20-21.
4　1933년 4월 25일. Ibid., p. 37.
5　1934년 1월 16일. Ibid., p. 90.
6　1934년 12월 16, 30일. Ibid., p. 170 et 175.
7　1935년 2월 7일. Ibid., p. 182.

무엇에 대해서든 간에 "희망은 점점 더 희박해진다."[8] "나는 계속 둔탁한 긴장 상태에 있다. 나는 항상 기다린다, 그 종말을, 내 종말을, 알 수 없는 그 무언가를."[9] "텅 빈 머리, 완전한 우울증(völlige Depression). 내가 이 모든 [글쓰기의] 노력이 아무 의미가 없다고 끊임없이 중얼거릴 수밖에 없는 만큼 더욱더 끔찍한."[10] 그러는 사이에 클렘페러의 개인적 곤경이 일관되게 그의 정치적 곤경을 통해 배가된다는—깊은 곳에서 좌우된다는—사실이 확인된다. "정치 분야에서(In politicis), 나는 조금씩 모든 희망을 버리기에 이르렀다. 히틀러는 온전히 그의 민중이 선출한 사람이다."[11]

독재가 그에게 제 손으로 하도록 강제한 것은 다음과 같다. "[…] 수 시간 동안 태우고, 태우고, 태우고. 편지들을, 노트 다발 전체를. 눈이 피곤하다. 쉬지 않고 문서를 뒤집어야 하니까, 그러지 않으면 서로 달라붙은 노트 종이들은 가장자리만 타다가 만다."[12] 그는 유덴하우스에 집단 수용되기 전에, 말하자면 자기의 삶, 자기의 기억을 이루는 자락들을 전부 파괴해야 한다. 그럼에도 『일기』 자체의 낱장들을—'아리아인' 친구를 통해—감추려 애쓰고, 이로부터 『일기』가 그에게 보다 귀중하게 존재하는 것을 표상한다는 사실이 이해된다. 이제 클렘페러와 그의 부인은 "시민권의 비천한 박탈로 심히 낙담하며," 이는 "모든 영역에서 곤경(Not)

8   1936년 1월 31일. Ibid., p. 243.
9   1936년 3월 6일. Ibid., p. 247.
10   1936년 9월 9일. Ibid., p. 296.
11   1937년 3월 27일. Ibid., p. 331.
12   1940년 5월 22일. Ibid., p. 508.

을" 유발한다.[13] "끔찍한 기분이 나로 하여금 잠들고 싶게 만들고 깨어나기 두렵게 만든다."[14] "나는 오로지 한 번만 죽을 수 있다"는 것이 유일하게 확실하다.[15] "죽음에 대한 불안 […] 1915년보다 고약한," 즉 클렘페러가 참호에서 전투를 벌이던 그때보다 고약한, 그의 무공훈장도 지금은 게슈타포에게 몰수되고 말았다.[16]

차라리 절망만 있었더라면! 주관적 측면에서 위협이 되는 것이 더더욱 심각한 위험이다. 그것은 무감각이나 무관심이다. "결국 나는 무감각과 거의 무관심(Gleichgültigkeit) 속에서 나의 절망을 산다."[17] 전적으로 칸트적인 존엄을 갖춘 클렘페러는 자주 자기가 이런 상태의 유일한 책임자라고 느끼는 경향을 보인다. "나는 더 이상 아무것에도 가닿지 못한다. 문자 그대로의 도약은 오지 않는다. 나는 늙었다. 나는 너무 늙었다."[18] 심지어 스스로 생을 마감한 드레스덴 유대인 공동체의 사람들조차도 그보다 더 많은 에너지와 용기를 지닌 것처럼 보인다. "도대체 어디서 사람들은 자살할 용기를 얻는가?"[19] 낙담은 그러므로 크넓다. "언제나 무력하게 되뇌는 이 무슨 소용인가? […] 나는 끊임없이 스스로 모든 사유를 금지하고, 그날그날을 산다."[20] "그리고 대부분의 시간을 나는 그냥 머물며 아무것도 하지 않고 근심에 좀먹

13 1940년 8월 30일, 11월 11일. Ibid., p. 529 et 540.
14 1941년 2월 13일. Ibid., p. 559.
15 1942년 2월 13일. Id., *Journal 1942-1945*, op. cit., p. 24.
16 1942년 7월 1일. Ibid., p. 144.
17 1933년 4월 30일. Id., *Journal 1933-1941*, op. cit., p. 39.
18 1934년 2월 2일. Ibid., p. 94.
19 1934년 3월 25일. Ibid., p. 108.
20 1934년 4월 24일. Ibid., p. 111.

는다."[21] "계속되는 의기소침으로 나는 힘이 없다. […] 정치적으로 희망이 없다."[22] "나는 무한히 우울하다(unendlich bedrückt). 나는 더는 그 어떤 변화도 인식하지 못할 것이다(ich erlebe keine Änderung mehr)."[23]

그런데 이런 정서적 상태는 바로 모든 정치적 독재가 겨냥하는 바를 가리킨다. 즉, 주체들이 모든 변화가 불가능하다고 느껴야만 하는 것이다. 이것이 전체주의의 목적이다. 우리를 무감각하고 무관심하게 만들기, 말하자면 생성을 박탈하기, 우리의 시간과 우리의 주체화를 박탈하기. 클렘페러가 말하는 무관심은 바로 의미-의의(sens-signification)의 상실, 즉 기호, 가치, 진실 또는 거짓의 내용을 구별하지 못하는 로고스를 가리킨다. 무관심과 엄격히 동일한 범위를 지니는 무감각에 대해 말하자면, 그것은 바로 감각-기분(sens-sentiment)의 상실, 즉 주체와 주체가 서로 나누지 못하는 파토스를 가리킨다. 격리된 감정들인 것이다. 클렘페러는 이 사태를 의식하고 있으며, 정치적 상황이—공적인 사건들의 상황만큼이나 언어와 정신의 상황이—시민들에게 가한, 특히 그 자신에게 가한 이 두 가지 불능으로 두려워한다. 먼저, 그는 자책하는 경향을 보인다. 그가 스스로 타인으로부터 격리되어 있다고 느끼기 시작한 것이다. 모든 삶이 나눔을 위해 구축되어 있던 그였는데 말이다. 한편으로, 그는 취향상 "너무 비장하다"(pathetisch)고 판단되는 어조로 자신의 형에게 편지를 쓰는—그는 형에

21 1934년 10월 6일. Ibid., p. 153.
22 1935년 3월 17일. Ibid., p. 190.
23 1936년 3월 8일. Ibid., p. 248.

게 도움을 구해야만 한다—스스로를 탓하고, 다른 한편으로, 동일한 글에서 그는 그의 눈에 비친 토마스 만의 문학적 문체가 보여주는 "최고의 공감(Anteil)"에 경의를 표한다.[24]

　　무감각은 편집증만큼 전염성을 띠는 듯싶다. 한편에는 반유대주의적인 증오의 아우성이 있고, 다른 한편에는 타인의 모든 불행에 대한 무관심이 있다. 이것들은 같은 동전의 양면과 같은 것이다. 예컨대, 클렘페러는 다음과 같이 언급한다. "믿을 수 없는 무관심, 말인즉슨 명백한 무감각이다. 이런 식으로 이 사건[1937년 4월 26일 콘도르 군단 비행기의 게르니카 폭격에 뒤이은 5월 31일 독일 해군의 알메리아 폭격]이 수용되었다. […] 이 모든 것이 무감각을 낳는데,"[25] 각 개인에게 미치는 탄압 장치들이 오로지 각자의 안으로 물러서도록 부추기기만 하는 만큼 더더욱 그렇다. 더욱이 자기 나라에서 사실상 "무국적자가 되는" 객관적 고통을 겪는 클렘페러는 그의 고유한 감성적 존재 및 그의 고유한 내면성이 전반적인 상황의 올가미에 걸려 희박해져 가는 것을 공포스럽게 확인한다. "내가 자주 관찰한 바대로, 일반적으로 내겐 사람들을 향한 기분이 거의 남아 있지 않았다.(nicht mehr viel Gefühl für die Menschen)"[26]

　　그런데, 이렇게 "정신을 완전히 빼앗긴 삶" 속에서, 이렇게 "얼빠질 때까지 긴장된 상황" 속에서[27] 클렘페러는 그럼에도 불구하고 이해하기를 욕망하는 에너지를, 나눔의 의미를 재발

24　1934년 1월 27일. Ibid., p. 92.
25　1937년 6월 2일. Ibid., p. 348.
26　1937년 8월 17일. Ibid., p. 362.
27　1940년 5월 31일, 7월 6일. Ibid., p. 512 et 517.

견하는 방식을 찾아낸다. 그것은 자기 분석적 탐문의 측면을 띠기도 하고, 일반적인 전체주의 환경이든 그의 불운한(더 낮게 말하자면 탄압받는) 동지들의 비참한 환경이든 상관없이 그를 둘러싼 사회에 대한 비판적 관찰의 측면을 띠기도 한다. 예컨대, 1942년의 어느 날, 클렘페러는—이제는 자주 그러는 것처럼—유대인 묘지를 방문하는데, 그곳에서 "모든 이들은 슬픔에 잠식되고 굶주려 보이고," 일련의 작은 구멍들에는 정권에 암살당한 사람들의 유골함이 놓여 있고, 그 와중에 클렘페러는 거의 감각할 수 없게 된 자신을 "겁쟁이에 이기주의자"라고 일컬으며 자책하는데, 왜냐하면 작은 유골함 앞에서 그는 단순히 예전의 "덩치 큰 구두장이"와 이제는 유골로 줄어들어 담긴 "매우 작은 유골함" 사이의 터무니없는 대조 따위를 생각하는 자신을 문득 깨달았기 때문이다.[28] 몇 주가 지나고, 이 문헌학자는 어느 자살한 이웃의 머리맡에 방문할 것이다. "이미 더 이상 아무 소리도 없었다. 벌어진 입과 열린 눈과 명백한 죽음. […] 그리고 또다시 나는 내 안의 총체적인 냉담함과 무감각의 기분을 확인한다. 내게는 우리가 감자를 얻으리라는 생각이 가장 먼저 든다."[29]

　　"우리가 공포의 극단에 당도했다[는] 일반적인 정신 상태"의 한복판에서 "일반적으로 무뎌진 감성"을 확인한다는 것,[30] 이처럼 "모든 이의 곤경"을 관찰한다는 것,[31] 또는 "목숨을 보전한

28　1942년 7월 5일. Id., *Journal 1942-1945*, op. cit.,
　　　p. 149-150.
29　1942년 8월 20일. Ibid., p. 204.
30　1942년 8월 30일. Ibid., p. 216.
31　1942년 9월 6일. Ibid., p. 222.

다는 단 한 가지만을 원하기 [때문에] 실제로 무감각해지고 유순해지는" 방식을 본다는 것,[32] 결국 이러한 무감각이 근본적인 "상상력의 둔화"(Abgestumpftheit der Phantasie)와 상관적임을 이해한다는 것….[33] 이와는 별개로, 이러한 무감각을 뒤흔들려는 노력, 그러기 위하여 상상하는 능력의 재발견에 전념하려는 노력이 있다. 상상하는 능력, 이 으뜸가는 수단은 자신의 곤경을 재주체화 같은 것으로 분기시키기 위한 것이다. 재등장하는 감성, 재시작하는 사유, 재발견되는 존엄, 행동과 생존의 가능성을 작동시키기 위한 것이다. 말하자면 생성 자체를 다시 개방하기 위한 것이다.

클렘페러는 그의 곤경을 두 보완적인 노선으로 분기시킬 것이다. 첫 번째는 자기 자신을 향하는 노선이다. 이 노선이 내가 자기 분석적 탐문이라 부른 것인데, 이는 아우구스티누스나 몽테뉴나 장-자크 루소 이래로 일기를 제일가는 형식으로 갖는 자전적인 장르에 내재한 것임을 상기해야 한다. 먼저 클렘페러는 그가 저수지에서처럼 부유하는 절망의 표면에서, 깊숙한 곳으로부터 다시 떠오르기 시작하는 모든 것을 알아차린다. "나는 그냥 머물며 아무것도 하지 않고 근심에 좀먹는다. [그러면서 알아본다.] 지나간 삶의 얼마나 많은 것들이 표면으로 다시 떠오르는지."[34] 따라서 사회적 고독으로부터 "(내겐 너무 드문) 유년의 기억들"이 솟아나서, 특히 그를 쓰라린 수치의 기분과 대면하게 한다.[35]

32 1942년 11월 13일. Ibid., p. 258.
33 1944년 9월 15일. Ibid., p. 546.
34 1934년 10월 6, 10일. Id., *Journal 1933-1941*, op. cit., p. 153 et 157.
35 1937년 1월 10일. Ibid., p. 322.

그는 문헌학적이고 정치적인 메모에 '무의식적'(unbe-wußt)이라는 형용사를 상당히 규칙적으로 사용한다. 그는 이것이 얼마나 그 자신과 관련될 수 있는지 깨닫는다. 그는 "지금에서야 난 내 아버지를 정말로 이해할 수 있다"고 쓰면서 노화와 죽음에 대해 생각하고, 특히 예전에 나이 많은 랍비였던 아버지가 반복적으로 말해서 아이였던 그를 웃게 만든 "나는 지금이 잘 시간이고 모든 것이 끝났으면 더없이 좋겠다"라는 문장을 생각한다.[36] 그러므로 상당히 논리적이게도 이 문헌학자—깨어 있는 언어의 학자—는 마침내 내면을 성찰하는 심리학자처럼 자신의 꿈을 기록하기에 이른다. "나는 매우 드물게만 꿈을 꾼다. 그런데 오늘 이른 아침 나는 불안해하며 깨어났다. 날이 너무 더워서 나는 외투를 말아 어느 전차 정류장 바닥에 놓아두었고(별이 달린 외투), 별이 없는 웃옷을 입은 채로 있었다. 두 명의 남성이 내게 말했다. '그런데 우리는 당신이 유대인 별을 단 것을 자주 보았소. 어째서요?…' 이 말을 듣고 나는 극심히 불안한 기분이 들어 깨어났다. 최근엔 꿈에서 교수형을 당했고, 오늘은 별을 달지 않았다. 결국 똑같은 일이다."[37] "오늘 밤 나는 아주 상세한 꿈을 꾸었다. 내가 어느 카페에 별이 없이 들어가서 발각될까 봐 불안해하며 앉아 있었다."[38]

이렇게 그는 자기에게서 시간의 재상승(remontées de temps)을 관찰한다. 그의 일상적인 실존과 특정한 기억 이미지

36 1938년 5월 3일, 8월 24일. Ibid., p. 393 et 407.
37 1942년 8월 23일. Id., *Journal 1942-1945*, op. cit., p. 210.
38 1943년 1월 14일. Ibid., p. 294.

의 출현 사이에서 체험되는 대조를 통해 오로지 그의 현재적 삶의 비극적 조건이 강조될 뿐이다. 예컨대, 1944년 5월 클렘페러는 그가 이제는 넥타이를 맨다고 이야기한다…. 그런데 이 넥타이는 그가 "총살당한 에른스트 크라이들에게 물려받은" 것이어서, 결과적으로 삶의 모든 분위기가 다시 침울한 색채를 떠는데, 이처럼 그에게 남은 세부적인 장식들까지 "모든 것이 기억이고, 위협이다."(alles und jedes erinnert, bedroht)[39] 조금 더 시간이 흐른 후, 담배 품귀 현상이 그에게 다음과 같은 기억을 불러일으킨다. "베를린에서의 오래된 기억이다. 가난한 사람들이 끝이 뾰족한 막대기로 길거리에서 꽁초를 줍는다. 나는 그 모습이 애처롭고 역겹다고 여겼다. 몇 달 전 에바가 식당에서 너댓 개의 담배 도막을 가져왔을 때 나는 충격을 받았다. 그리고 지금 내 스스로 그것들을 맛있게 피우고 있다."[40]

『일기』에서 가장 많이 사용된 단어 중 하나는 아마도 '욕지기'(Ekel)라는 단어일 것이다. 1933년부터 클렘페러는 『일기』에 털어놓는다. "나는 더 이상 욕지기와 수치의 기분(Gefühl des Ekels und der Scham)에서 벗어날 수가 없다. 아무도 움직이지 않는다. 모두가 벌벌 떨며 숨어 있다."[41] 그는 어떻게 "[나치 경례를 하기 위해] 들어 올리는 이 모든 손들이 그에게 문자 그대로 고유한 의미에서 구토를 유발하는지" 이야기한다.[42] 드레스덴 근교를 산책하는 어느 날, 그는 "멋들어진 시골"과 그 풍경을 침

---

39 1944년 5월 29일. Ibid., p. 489.
40 1944년 6월 13일. Ibid., p. 495.
41 1933년 3월 17일. Id., *Journal 1933-1941*, op. cit., p. 25.
42 1934년 2월 15일. Ibid., p. 96.

범한 히틀러 프로파간다의 "구역질 나는 폿말들" 사이의 대조에 경악한다고 되뇌인다.[43] 이는 그에게 이런 욕지기를 불러일으키는 것이 시대 전체라는 징조다. 즉, 정권의 수탈, 프로파간다의 거짓말, 맹종하는 주민들 앞에서 느끼는 욕지기인 것이다. 그 결과 클렘페러에게 이런 구역질 나는 상태에서 벗어나려는 노력은 끝까지 유지하기 불가능한 것으로 느껴진다. "우리는 끊임없이 욕지기와 상처 입은 긍지의 모든 주관적인 기분, 모든 언짢은 기분을 근절하려 애쓰고, 오로지 구체적으로 주어진 상황만을 고려하려 애쓴다⋯." 그러나 그가 이것을 쓴 페이지 자체에는 "구체적으로 주어진" 위협적이고 전횡적인 공포의 상황이라곤 없다는 것을 잘 알 수 있다. 그가 구금의 위협을 받는 이 순간에는 오로지 가능성의 불안만이 존재하는 것이다. "아무것도 없는 곳으로 떠날 것인가? 남아서 위험에 처할 것인가?"[44]

　　"욕지기를 근절하기"는 이런 전체주의적인 공포의 분위기에서 불가능한 것이 아닐까? 클렘페러가 대단한 것은, 그럼에도 그가 자신의 욕지기를 비롯한 근본적인 곤경을 분기시켰다는 사실에 있다. 이 문헌학자는 "욕지기"를 "수치"와 결합하면서 그가 지닌 두 형태의 감성 사이에 다리를 놓는 데 성공했다. 하나는 감각적 감성이라 할 수 있다. 즉, 흡수한 '분위기'에 대한 즉각적으로 신체적인 감각으로서의 욕지기인데, 특히 후베르투스 텔렌바흐가 이를 제시한 바 있다.[45] 다른 하나는 윤리적 감성인데,

43　1938년 7월 27일. Ibid., p. 404.
44　1938년 11월 27일. Ibid., p. 421.
45　Hubertus Tellenbach, *Goût et atmosphère* (1968),
　　trad. J. Amsler, Paris, PUF, 1983. Cf. également

이제는 사회화된 수치의 기분과 같은 욕지기의 감성, 프리모 레비
가 "한 명의 인간이라는 수치", 말하자면 자기와 타인을 위해 책
임지는 수치, 나눔되는 수치라는 표현을 통해 탁월하게 말한 감성
이다.[46]

    이와 같이 1933년 3월 클렘페러는 그가 더 이상 욕지기
의 감각을 수치의 기분과 분리할 수 없다고 쓰고, 며칠 후에 이를
다음과 같이 명확히 한다. "솔직히 말하면 나는 공포[와 욕지기]
보다 수치를 더 느낀다, 독일에 대한 수치를."[47] 독일에 대한 수
치를, 그들의 아이들을 위해 "하켄크로이츠가 박힌" 예쁘고 작은
공을 구상한 이 미친 어른들에 대한 수치를.[48] 이런 의미에서 수
치의 기분이 욕지기의 감각을 윤리적으로 재포착하거나 재표명
한다고 말할 수 있다. 바로 이런 윤리적 가치—우리는 칸트를 따
라서 이를 존엄이라 부를 수 있다—의 관점에서 클렘페러는 대체
로 그의 정서들에 대항해서가 아니라 그것들의 통제되지 않는 내
면적이거나 상호주관적인 표현 양태에 대항해서 투쟁한다. "바로
이 수치의 기분이 나에게 모든 격앙된 표현, 내게 관여된 것들의
모든 과장을 금지한다.(es ist das Schamgefühl, daß mir jeden pa-
thetischen Ausdruck, jede Geste in eigener Sache verbietet.) 또
한 내가 울지 못하게 막는다. 내게 언제나 극단적으로 거북한 것

    Aurel Kolnai, "Le dégoût"(1929), trad. O. Cossé, *Les
    Sentiments hostiles*, op. cit., p. 19-95.

46 프리모 레비, 『가라앉은 자와 구조된 자』(1986),
    이소영 옮김, 파주: 돌베개, 2014, 81-103쪽.

47 1933년 3월 30일. Victor Klemperer, *Journal 1933-
    1941*, op. cit., p. 29.

48 같은 날짜. Ibid.

은 […] 눈물이 내 눈시울에 차오르는 걸 느낄 때이다. 요 근래는 내 신경이 예민한 까닭에 나한테 너무 자주 일어나는 일이다."49

그럼에도 눈물이 그의 눈시울에 차오르고, 『일기』는 그것을—윤리적으로, 문학적으로, '학문적으로'—증언해야 할 의무가 있다. 그리고 이에 대처하는 가운데, 그의 고유한 고통을 격리되지 않은 무언가로, 나눔을 지향할 수 있는 무언가로 전치시켜야 한다. 게다가, 이는 타인에게 전달되는 감정의 분기로, 즉 욕지기에서 수치로, 그리고 분노로 이어지는 분기로 시작될 수 있다. 그래서 히틀러가 국가의회를 갱신하려고 조직한 허울뿐인 선거가 다가오자(단일 정당이 92퍼센트의 득표율을 얻게 될 선거), 클렘페러는 불안해하고 욕지기를 느낀다. "우리는 11월 12일에 무엇을 할 것인가? 그 누구도 비밀투표를 믿지 않으며, 그 누구도 투표 수의 정확한 집계를 믿지 않는다. 그러니 순교자 노릇이 무슨 소용인가? 다른 한편, 이 정부에 찬성을 한다면? 그건 상상할 수 없을 정도로 욕지기난다."(unausdenkbar ekelhaft)50 일주일이 지나 욕지기는 분노로 대체된다. "지난 일요일, 카우프만 씨 부부와 로젠베르크 부인이 커피를 마시러 우리 집에 왔다. 카우프만 씨가 국민 투표에서 찬성하는 표를 던지기로 결심했다며 독일유대인중앙협회에서 '비통한 심정으로' 지침을 내렸다고 덧붙이자 매우 격렬한 언쟁이 벌어졌다. 평정심을 모조리 잃은 나는 주먹으로 탁자를 내리치며 여러 차례 그에게 다그치며 외쳤다. 카우프만 씨 당신이 승인하는 정책의 위정자들을 범죄자들로 간주하는지

49   1934년 5월 13일. Ibid., p. 114-115.
50   1933년 11월 2일. Ibid., p. 76.

그렇지 않은지 내게 분명히 말하라고. 그는 내게 답하기를 거부하며, 내가 '그에게 이런 질문을 던질 권리'가 없다는 핑계—나탄 식의 그럴듯한 구실[레싱의 『현자 나탄』에 대한 암시]—를 댔다."51 그러므로 이들과 저들의 "구실" 앞에서 무엇을 할 것인가? 이런 곤경과 이런 욕지기, 이런 무력한 정치적 분노를 가지고 무엇을 할 것인가?

51 1933년 11월 9일. Ibid., p. 77.

윤리적 가능성에 대하여: '하지만 …은 있다'

빅토르 클렘페러가 인내한 곤경만큼 가슴 아픈 것은, 아마도 그가 『일기』에서 나치의 공포 정치 체제에 맞서 유머와 겸손과 애정을 담아─유년의 기억을 바탕으로─"종이 병정"(Papiersoldaten)이라고 부르는 것을 내세우며 발휘한 인내심일 것이다. 이런 작은 종이 병정이라니, 얼마나 가냘프고 거의 우스꽝스러운가! 이것들이 둘째가라면 서러운 불한당들, 예컨대 1942년 그의 거처를 가택 수색하러 온 두 명의 게슈타포 요원들과 맞서 잠시라도 싸울 수 있다고 어떻게 상상할 수 있겠는가? 일단 클렘페러는 절망의 궁여지책으로 『일기』를 쓰는 것으로 보인다. 그는 그의 모든 기록이 "영원히 종이 병정으로 남을 것이며 [또한] 진짜 [그의] 유년 시절 종이 병정과 동일한 방식으로 사라질 것"이라고 단언한다.[1] 그렇지만 이 절망이 그와 같은 인내심과 함께하는─10여 년간 5천

---

[1]   1943년 3월 17일. Id., *Journal 1942-1945*, op. cit., p. 323.

장 남짓한 종이를 까맣게 채울 때까지—이유는, 클렘페러가 종이
는 아무리 가냘프더라도 대체로 '어두운 시대'가 지난 후에도 잔
존한다는 것을 경험상 잘 알기 때문이다. 예컨대, 평범한 어느 이
중벽 속에 숨겨진 채로.

영미 폭격기가 드레스덴을 대량 파괴하고 보름이 지난
무렵, 클렘페러는 "내가 잔존하리라는 희망은 거의 없고, 내 원고
들이 잔존하리라는 희망은 더욱 적다[…]. 끊임없이 낮이고 밤이
고 궤멸이 이어진다"라고 적는다.[2] 하지만, 그가 당시에 처한 미
쳐 돌아가는 실존의 조건 속에서 그는 종잇장을 까맣게 채우기를
계속하며 끊임없이 집필한다. 10여 일이 지난 후에 그는 "이것이
내가 스토아주의를 실천하는 나만의 방식이다"라고 기록한다.[3]
그리고 이제 12년째 그는 인내하는 불행의 팽팽한 줄 위에서 글쓰
고 기술하고 증언하고 성찰하는 인내심을 평형 봉 삼아서 살고 있
다. 그의 하지만의 노선을 뚫는 것이다. 이런 인내심의 바탕에는
무엇이 있는가? 아마도 욕망 자체가, 말하자면 주체가 언제나 재
시작하고자 하는 자질, 그에게 대립되는 주위의 모든 것에도 불구
하고 존속하고자 하는 자질이 있을 것이다. 이것이 『에티카』에서
스피노자가 인간학적 측면에서 코나투스(conatus)라고 부른 것,
즉 욕망하는 능력 자체, 삶 자체의 긴장된 노력이며, 또한 아마도
그가 더욱 고유하게 윤리학적 측면에서 스페스(spes)라고 일컬은
것, 즉 "미래나 과거의 사물의 이미지에서(ex imagine) 생기는 불

---

2   1945년 3월 8일. Ibid., p. 651.
3   1945년 3월 19일. Ibid., p. 658.

안정한 기쁨(inconstans lætitia)"으로 정의된 희망의 정서이다.[4]

확실히 클렘페러는 본성상 '낙관주의자'의 면모가 전혀 없었다. 그렇지만 그의 역량—그의 인내심, 그의 저항 능력, 그의 정치적 미덕 자체—의 큰 부분은, 매번 그가 불행의 공간에서 기필코 열어야 했던 윤리적 가능성으로부터 그에게 온 것이었다. 그리고 이는 절망에서 뽑아낸 기쁨, 당연히 "불안정한 기쁨"을 경유하는 것이었다. 이는 그의 상상 능력과 극도의 시간 감성, 즉 외관상 가장 고정된 기성사실의 변화를 예견하는—기대할 수 있는—방식을 경유하는 것이었다. 따라서 클렘페러의 위대한 힘은 사태가 생성될 수 있음을 반드시 본다는 데 있었다. 확실히 모든 것은 암울하며 공포의 구속력하에서 유지된다. 그러나 "만일 그동안 에바가 덜 오열한다면, 만일 그동안 내 심장이 덜 약해진다면, 그것만으로 감지덕지일 것이다. […] 이렇게 나는 가혹한 압력을 받으며 하루하루 산다."[5]

확실히 압력은 그대로다. 그렇지만, 기압의 고저에 따라 날씨가 변화하듯이, 감정들이 변화할 것이고 어쩌면 역사 자체의 흐름도 그럴 것이다. 이를 지각하고 작동시키기 위해서는 참을성과 인내심과 호전성도 필요할 것이다. 그동안 클렘페러는 마치 일기예보인 것처럼 "변덕스러운 기분"(wechselnde Stimmungen)이라고 적는다.[6] 나중에 그는 역설의 두려움 없이 이렇게 말한다.

---

4 베네딕투스 데 스피노자, 『에티카』(1675),
   III, 18, 강영계 옮김, 파주: 서광사, 2007, 174쪽.

5 1934년 3월 19일. Victor Klemperer, *Journal 1933-1941*, op. cit., p. 105.

6 1935년 5월 4일. Ibid., p. 198.

"그럼에도 불구하고(trotz allem), 또한 모든 친구들로부터 버림받은 우리의 이 끔찍한 고립에도 불구하고, 어제 일요일 하루는 위로가 되었다."[7] 또는 이렇게 말한다. "이제 나는 발작적으로 우울할 뿐이고, 상황이 저절로 흘러가게 놓아둘 뿐인데, 몇 시간 동안은 진정한 삶의 기쁨을 경험하기도 한다."[8] 아니면 이렇게 말한다. "이따금 나는 우리가 처한 곤경 자체에서 어떤 위안을 얻기도 한다."[9]

그러므로 『일기』의 곳곳에 "그럼에도 불구하고"(trotz allem)라는 표현이 매우 자주 쓰인다는 사실에 놀랄 이유가 없다. 클렘페러는 심리적 공간 전부를 "회한"과 "설움"에 내맡기는 것은 "시간을 잃는" 것이라고 말한다.[10] 그러므로 그럼에도 불구하고는 '분별을 잃다'라고 말하는 것처럼 '시간을 잃다'를 막기 위한 방식일 것이다. 그러나 확실히 이는 전혀 쉬운 일이 아니다. "나는 억지로라도 희망을 가지려 하지만, 또한 [더 이상 구제될 수 없는 것에 대해] 생각하고 싶지 않기도 하다."[11] 클렘페러는 드레스덴 감옥에서 괴로운 일주일을 보낸 후에 다음과 같이 쓴다. "고통스러운 일주일의 좋은 면이 있다면 아마도 우리가 우리의 결혼, 우리의 행복, 우리가 함께하는 삶을 벗어난 모든 것들의 절대적인 무의미함을 새롭게 의식했다는 사실일 것이다."[12] 그리고 몇 달이

---

7 1936년 9월 14일. Ibid., p. 298.
8 1937년 6월 28일. Ibid., p. 353.
9 1938년 3월 30일. Ibid., p. 387.
10 1938년 7월 12일. Ibid., p. 401.
11 1939년 12월 31일. Ibid., p. 489.
12 1941년 7월 6일. Ibid., p. 580.

흐른다. "나는 그다지 낙관주의자는 아니지만, 그래도 약간의 희망(ein bißchen Hoffnung)을 품어본다.—희망이 내가 가장 필요로 하는 것이고, 나는 너무나 비참하게 갇혀 있다."[13] 그리고 같은 해의 마지막 날이 오자 축배사 삼아 말한다. "올해는 우리에게 가장 혹독한 해[였]구려. […] 그러나 올해가 끝나 가니 우리에게 자신감이 생긴다오[…]. 이제 마지막 고된 5분이 남아 있소. 힘냅시다!"[14]

이런 정서적 인내심을 환기하기 위해 클렘페러는 멋진 표현을 사용한다. 즉, "희망 시계"(Hoffnungsuhr)에 대해 말하는 것이다.[15] 희망 시계는 정확히 기압계가 그러하듯이 시대의 정황과 '고기압'이나 '저기압'에 따라 끊임없이 요동치거나 진동한다. 그리고 프랑스 18세기를 전공한 문헌학자가 여기서 "영혼의 기압계"라는—내면 일기가 장르로서 탄생한 이 시대의 전형적인—문학적 개념의 명맥을 유지하리란 것을 쉽게 상상할 수 있다.[16] 예컨대, 어느 날 그는 "이 무거운 모든 순간들 속에서 유일하게 즐거운 인상, 즉 이른 아침에 날이 다시 밝기 시작한다는 사실"에 대한 경험을 말한다.[17] 또다시 1942년에 그는 드레스덴—그의 일상의 지옥, 그의 감옥, 그의 위협적인 매 순간—에 대해서 단호하게 "경

13 1941년 10월 1일. Ibid., p. 649.

14 1941년 12월 31일. Ibid., p. 676.

15 1943년 9월 15일. Id., *Journal 1942-1945*, op. cit., p. 399.

16 Cf. Pierre Pachet, *Les Baromètres de l'âme. Naissance du journal intime*, Paris, Hatier, 1990 (rééd. revue et augmentée, Paris, Le Bruit du temps, 2015).

17 1942년 4월 7일. Victor Klemperer, Journal 1942-1945, op. cit., p. 61.

이로운" 도시라고 말한다.[18]

이 모든 것이 충만한 의미를 갖기 위해서는, 클렘페러가 그의 시간과 그의 삶의 의미를 발견하는 글쓰기 시계가 있어야 한다. "나는 끊임없이 잠이 든다. 특히 아침녘에. 소파에서도 잠들고, 앉아서 독서하다가도 잠든다. 두 벌의 겹친 안경, 기력 소진, 점점 더 열악한 먹거리, 노화… 기타 등등(che so io)? 그럼에도 불구하고(trotz allem), 낮 시간에 난 갖은 용기를 발휘하고, 이로부터 항상 무언가가 도출된다. 그런데 정확히 무엇이? 종이 병정들이 […] 뒤죽박죽 되는대로. 하지만 언젠가 이로부터 무언가가 나올 수도 있다―나는 이 생각에 사로잡혀 있고, 모든 것을 이 생각과 연관시킨다."[19]

결국 "희망 시계"는 타인을 위한 희망이고자 한다. 여기에 클렘페러가 증언하는 파토스의 고유하게 윤리적인 차원이 있다. 그의 학자로서의 위치―사회적으로 실추한 불쌍하고 굶주린 열외자의 행색에도 불구하고 아직도 사람들은 이따금 그에게 "교수님(Herr Professor)…"이라고 말한다―덕분에, 그는 유덴하우스의 탄압받는 세계에서 그를 경청하는 이들에게 '용기를 북돋는' 방향을 취할 수 있다. "유덴하우스에서 나는 항상 낙관주의자 역할을 맡는다. 그렇지만 나는 나 자신에 대해 확신을 갖지 못한다."[20] "유덴하우스의 일상 사건. 크라이들 부인은 우리에게 다가와 눈물을 흘리며 더 이상 살고 싶지 않다고 되풀이한다. 위로가 필요

---

18 1942년 6월 19일. Ibid., p. 131.
19 1944년 6월 28일. Ibid., p. 502.
2 0 1940년 7월 24일. Id., *Journal 1933-1941*, op. cit., p. 522.

하다. 케첸 자라의 심장 문제. 위로가 필요하다. 에바와 나 사이의
비슷한 장면들. 역할은 차례로 바뀐다. 위로하는 사람은 언제나
그 자신은 믿지 않는 것들을 말한다. 그리고 그런 자신의 말 속에
서 다시 용기를 얻는다. 몇 시간 동안이라도."[21] 끝까지 클렘페러
는 "희망 시계"의 역설적 역할을 자임할 것이다. 결코 타자들로부
터 격리되지 않고 언제나 나눔을 호출하는 감성의 팽팽한 줄—또
는 분열의 선—위에서. 현행하는 불행의 바탕에서 타인과 자신에
게 제안되는 하지만의 끈질기게 다정한(affectueux) 용기 속에서.

21 1941년 9월 17일. Ibid., p. 641.

"내 연필을 따라 기어올라
지옥에서 벗어나기"

빅토르 클렘페러 같은 문헌학자에게 매일의 삶 속에서 체험되는
전체주의적 공포의 특히 우울한 측면은, 그의 모국어가 모든 공
적 공간을 가로질러 그가 증언하는 사적 대화에 이르기까지 거짓
말의 언어가 되었다는 데 있다. 괴벨스의 담화가 클렘페러를 진
정으로 "언어에 절망한 사람"으로 만들어 침묵하게 했더라면, 이
는 그와 같은 문필가에게 전체주의 체제가 실질적이고 완전한 승
리를 거뒀음을 의미했을 것이다. 그런데 사실은 전혀 그렇지 않았
다. 클렘페러는 국가의 쏟아지는 거짓말을 인내하면서 언어 속에
서 희망하기를—물론 은밀히 그 혼자만을 위해—지속했다. 1933년,
그는 『일기』에 다음과 같이 적었다. "나는 원한다, 마치 아무 일
도 없는 것처럼 행위하며 일하기를. 이와 전혀 다른 태도가 훨씬
더 부조리할 것이다."[1] 그 이듬해에는 이렇게 적었다. "내 심장이

---

1   1933년 10월 30일. Ibid., p. 74.

격하게 고동친다. [⋯] 나는 내 일에 매달리고 있고 [⋯] 절망해 봐야 아무 소용이 없다."[2] 그리고 4년이 흐른다. "결국 난 더 이상 생산적인 일이라곤 전혀 없이 안개 속에서 더듬거리는 걸 견딜 수 없다. [⋯] 난 최근에 첫 줄을 쓰기 시작한 내 삶(Vita)에, 내 '종이 병정'에 집중하련다."[3]

여기서 그가 그의 삶(Vita)이라고 부른 것은, 말하자면 삶의 자유에서 그에게 남은 모든 것이다. 분명히 히틀러 정권의 열외자라는 이 '새로운 삶'의 일상적인 탄압이 존재한다. 그러나 또한 통상적인 연구를 수행하기 위한 도구가 더 이상 없는 그에게는, 이에 맞서 일종의 '어두운 시대'의 새로운 삶(Vita nova)을 작문하겠다는—그의 속생각 어딘가에서 단테와 통하는—문학적 결단도 존재한다. 그가 이런 다짐이 전적으로 "언어 속에 진실이 있다"(In lingua veritas)는 격언과 부합함을 상기시킬 때,[4] 그는 자신이 횡단하는 시간들에 관해 힘닿는 만큼 증언하리라는 그런 '삶'의 결단을 위해 적어도 두 가지 목적을 스스로 정한다. 문헌학자로서 클렘페러는 '언어 속에 진실이 있다'(In lingua veritas)는 표현을 언어의 임상의의 의미에서 이해한다. 1947년 출간된 『LTI』의 모든 교훈은, 수많은 일어난 사실들과 체험된 정서들 중에서 그날그날 삶(Vita)에서 관찰된 '제3제국어'의 차가운 징후학을 설립한 것이다. 따라서 클렘페러에게 언어 속에서 희망하기란, 전체주의 언어가 근본적인 속임수 저편에서, 즉 통합체의 선택 속에서, 구

2   1934년 9월 26일. Ibid., p. 148-149.
3   1938년 12월 31일. Ibid., p. 435.
4   1937년 4월 25일. Ibid., p. 335.

문의 기능 속에서, 고유한 징후의 부인 속에서 어떻게 자신의 진실(sa vérité)을 드러내는지 보여주는 것이다.

또 다른 목적은, 결코 그렇게 제시되지 않을지라도 더욱 직접적으로 문학적이다. '끝까지 증언하기'에 착수한다는 것은, 언어가 모두의 진실(la vérité)을 드러낼 수 있으리란 의미에서 언어 속에서 희망하기다—그 진실을 언표하는 증인의 말이 허술하거나 제한적이거나 '정서적'이더라도 말이다. 그러므로 증인에게는 자기 스스로 체험한 것을 응시하거나 이해하거나 글쓰기위한 증언의 욕망이 존재하며, 또한 자기 주위의 세계가 어떻게 굴러가는지 관찰하거나 분석하거나 해명하기 위한 증언의 의무가 존재한다. "나는 이제 글쓰기를 계속하려는 열정적인(leidenschaftlich) 욕망으로 가득하다."[5] 가장 깊은 곳의 불안과 유덴하우스의 가장 고통스러운 삶의 조건 속에서도 클렘페러는 쓴다. "이 기록들은 내가 아무것도 하지 못한 채 머문 혼돈과 고뇌의 한복판에서 쓰였다. 이것들이 내게 약간의 힘을 다시 주었다."[6] "조금씩 글쓰기를 계속하며 시간을 보내지 않았다면 나는 완전히 무너졌을 것이다."[7] "나는 [삶(Vita)의] 이력서에 매달리고 있고, 이에 몰두한다…"[8]

그런데 갇혀 있을 때라면, 몰두가 곧 도피의 방식일 수있지 않을까? 『일기』의 굳센 대목이, 클렘페러가 무고하게 구금된 심리적이고 신체적인 감옥에서 도피하기 위한 그만큼의 지하

5   1939년 3월 6일. Ibid., p. 446.
6   1940년 5월 31일. Ibid., p. 512.
7   1940년 6월 23일. Ibid., p. 515.
8   1941년 4월 14일. Ibid., p. 567.

통로를 구성한 것이 아닐까? 그러므로 클렘페러가 몇 달 전 등화관제가 부과된 시기에 그의 자택 창문을 봉쇄하지 않았다는 근거로 1941년 6월 23일부터 7월 1일까지 옥살이한 고통스러운 일주일을 상기해야 한다. 『일기』의 글쓰기는 유예되고, "89호실"이라는 제목으로 7월 20일에 작성한 긴 이야기가 극도로 정확한 사실들과 극도로 긴장된 정서들을 전개하며 당시의 그에게 활기를 불어넣는다.

　　　　감옥의 규칙에 따라 그는 모든 것을 압수당했다. 허리띠를 빼앗긴 그는 계속 그의 바지를 붙잡고 있어야 한다. "내 바지가 흘러내린다. 내 바지가 흘러내린다. 내적인 명예의 불가침성에 관한 철학이 다 무슨 소용인가?"9 그는 소지하고 있던 안경과 책들을 돌려 달라고 요구한다. "이 두 가지 희망은 이루어지지 못했지만 한동안 지속되었기에 내가 처음의 시간을 보내는 데 도움이 되었다."10 그는 이 요구를 다섯 차례 되풀이한다. 그에게 처벌의 위협이 가해진다. 그가 조서에 서명할 때 한 민간 공무원이 그에게 자신의 안경을 빌려준다. "[그게] 나한테 큰 도움이 되지는 않았다. 그는 내게 곧 안경을 돌려받게 될 거라고 말하면서 나를 위로하려 애썼다."11 그러고는, "월요일이었다. 식사를 마친 후였고, 처음으로 반합을 복도에 내놓고 물병을 들여온 후였고, 날은 밝지만 첫 번째 밤이 시작된 후였다. 나는 그때까지 억압되어 있던 절망(Verzweiflung)이 나를 엄습함을 느꼈다. 나는 이곳에 영원에서부터 있었다. 진정한 영원에서부터. 이는 기술할 수 없는 것이

9　Ibid., p. 586-587.
10　Ibid., p. 589.
11　Ibid., p. 590.

다. 어찌 할 수 있겠는가? 우리는 단지 체험한 것만을, 가장 작은 사건과 가장 적은 생각만을 설명할 수 있다. 그런데 영원이란 사물들 사이에 펼쳐진 것, 순수한 구속과 허공의 기분, 창문까지 네 걸음의 공허, 문까지 네 걸음의 공허, 허탈한 의식의 상태이다."[12]

그는 놀란다. "왜 이곳에서 나는 집중할 수 없는가[…]? 정확히 그 이유는 내가 이곳에 있기 때문이고, 내가 사방에서 이 [돌로 된] 저주받은 감옥에 부딪히기 때문이다."[13] 그는 벗어나려 시도한다. "사유하기—그런데 무엇을? 그건 중요치 않다. […] 그러므로, 아침에 처음으로 내 머릿속에 떠오른 것은 또다시 오래된 농담(ein alter Witz)이었다. 독실한 방랑자가 감방에서 노래한다. '신께서 무량한 은총으로 나를 이곳으로 이끄셨다.' 내 의지와 상관없이 결국 이 농담이 점점 더 강하게 나를 사로잡아 버렸다."[14] 마치 클렘페러가 과거에 벗어났다고 믿었던 문화의 편린들만이 깊숙한 곳에서부터 다시 떠오르는 것처럼 말이다.

이후에 (카프카의 이야기에서처럼) 어디서 온지 모를 부사관 한 명이 등장한다. 그는 죄수가 대학교수라는 것을 서류에서 읽었음에 틀림없다. 그는 대학교수에게 구금의 이유를 심문한다. "'등화관제 때문이오.—그렇지만, 부주의한 교수 같으니, 당신은 이미 대여섯 번의 벌금을 냈을 터인데?—결코 아니오, 1년 반의 시간 동안 이번이 처음 겪는 과실이오.—그럴 리가 없소.' 잠깐의 정적. '아! 그렇다면 당신은 비(非)아리아인임에 틀림없겠구려?—부사관 선생, […] 난 내 책과 내 안경을 압수당했소. 난 다만 연필

---

12   Ibid., p. 593.
13   Ibid., p. 603.
14   Ibid., p. 604.

한 자루와 약간의 종이만 가질 수 있었으면 좋겠소.—차라리 당신은 당신의 죄에 대해 성찰해야 할 거요'라고 그는 웃으며 대답했다. 그러고서 그는 주머니에서 짧은 연필을 꺼내 살펴보았다. '내가 이 연필을 깎아서 당신에게 종이 한 장과 함께 주리다.' 그리고 실제로 얼마 지나지 않아 그가 내게 연필과 종이를 가져다주었다. 이 순간에 나의 세계는 옥문이 닫혔던 순간만큼이나 강하게 변화되었다. 모든 것이 더욱 선명해졌고, 그렇다, 거의 빛나게 되었다."15

이렇게 작가는 그의 가장 단순하고 가장 유아적인 정념 속에서 밝혀졌다. 그에겐 몽당연필 한 자루와 종이 한 장이면 충분했다. 세계가 밝아졌고—물론 상대적으로—보안문, 콘크리트 벽, 감옥과 경찰의 탄압을 가로지르는 통로가 열렸다. 물론 죄수는 그의 감방 속에서 거의 부동의 상태로 억류되어 있었다. 그렇지만 연필은 종이 위를 여행할 수 있었고, 단어들은 도망칠 수 있었고, 사유는 길을 나설 수 있었고, 상상은 엉뚱한 욕망의 체류지로 벗어날 수 있었다. "오후가 끝날 무렵에서야 나는 연필을 사용했다—이어지는 기록들보다 더 비장하고 더 유장한(pathetischer und länger) 내 첫 번째 기록은 다음과 같았다. 나는 내 연필을 따라 기어올라 지옥에서 벗어난다(an meinem Bleistift klettere ich aus der Hölle). 나는 지난 나흘로부터 대지로 돌아온다. 이후로 나는 주요한 단어들만 적었다. 부사관이 준 하얀 종이로는 고작 금요일까지만 버틸 수 있었다. 뒤이어 난 휴지를 가져왔다. 얇고 노랗고, 연필심의 흔적을 (적어도 한동안) 읽지 못할 정도까지 흡

15   Ibid., p. 611-612.

수하는 휴지를. […] 이 연필의 본질적인 장점은 이게 있음을 안다는 사실만으로 내가 절망스럽게 생각들을 찾으려 할 필요가 없다는 것이었다. […] 연필은 정말로 머리끝에서 발끝까지 나를 변화시켰다. […] 나는 내 연필을 따라 기어올라 지옥에서 벗어났다—그렇지만 아직 대지에 진짜로 닿지는 못했고, 그 언저리에 있을 뿐이었다."16

약간은 마치 종잇장이 감방 속 죄수에게 일종의 마법적 표면, 즉 마법의 양탄자가 된 것과 같다. 마치 나이 든 문헌학 교수가 연필을 기어오르며 일종의 무서운 나라의 앨리스가 된 것과 같다. 이런 이미지들의 유아적 요소—이때 "희망 시계"는 연필로 이루어진 시곗바늘과 함께 도피하는 시간을 표시한다—가 여기서 심리적 퇴행과 심리적 구출이 함께함을 가리키는 것이 아닐까? 역설적으로 클렘페러에게 증언의 욕망은 현실 밖으로 도피하는 순간들을 규칙적으로 경유하는데, 이는 글쓰기가 설령 가장 세심한 정확성에 바쳐진다 하더라도 상상의 공간이라는 그것의 고유한 공간을 찾을 수 있게 하기 위해서이다. 물론 클렘페러는 그가 겪던 현실을 증언하기 위해서 '분별을 잃지' 말아야 했다. 그렇지만 바로 그런 이유로 그는 유토피아적이라고 형용할 수 있을 시간과 공간 속에서 피난처를 찾아야 했다. "마치 내가 다음날에 대해서 절대적으로 확신하는 것처럼 연구하기! 이것이 제정신을 지키기 위한 유일한 가능성이다."17

그러므로 글쓰기가 클렘페러의 구체적인 유토피아였

---

16 Ibid., p. 613 et 615-616.
17 1942년 8월 19일. Id., *Journal 1942-1945*, op. cit., p. 203.

다. 그런데 이는 또한 그 유토피아가 유래하는 욕망이 끊임없이 위협받는다는 것도 의미했다. 여기서는 공포를 통해서, 저기서는 이 모든 것이 아마도 아무런 의미도 없고 아무런 쓸모도 없으리라는 기분을 통해서. "언제나 같은 오르락내리락. 내 모든 글쓰기가 나를 강제 수용소로 인도하리라는 공포. 글쓰기를 해야 한다는 기분, 내 삶의 과업, 나의 직무, 나의 사명(meine Lebensaufgabe, mein Beruf). 헛되고 헛되다는(vanitas vanitatum) 기분, 내 휘갈긴 글씨가 무의미하다는 기분. 하지만 결국에 나는 글쓰기를 계속한다."[18] 그러므로 공포─어떻게 여기서 공포가 편재하지 않겠는가?─가 욕망의 끈기와 서로 맞서고 있다. 클렘페러는 종이들을 까맣게 채우지만, 또한 많은 종이들을 파기해야 한다. 또는 혹시 모를 가택 수색에 대비하여 하찮은 책들의 갈피 속에 종이들을 숨긴다.[19] 그는 스스로 맹세한다. "초인종이 울릴 때마다 공포에 떨지 않기!"[20]

공포의 맞은편에는 언제나 욕망이 있고, 여전히 욕망의 끈기가 있다. 감히 말하자면 이 둘 사이에서 용기의 저울대가 흔들거린다. "그렇지만 나는 글쓰기를 계속한다. 이것이 내가 지닌 영웅주의다. 나는 증언하고 싶다, 정확한 증언을! […] 나는 마치 생존을 확신하는 것처럼 기필코 마지막 순간까지 살고 싶고 일하고 싶다. 이에 대해 나는 오로지 아주 약한 희망만을 가지고 있다."[21] 이것은 1942년 5월 게슈타포의 가택 수색 후에 파

18   1942년 2월 8일. Ibid., p. 22.
19   1942년 2월 17일. Ibid., p. 29.
20   1942년 5월 8일. Ibid., p. 80.
21   1942년 5월 27, 29일. Ibid., p. 97 et 101.

기된, 『20세기의 신화』에 관한 여러 장의 노트를 다시 쓰는 용기다.[22] 이것은 그에게 자기의 불행을 말하면서 다음과 같이 간청하며 끝맺는 이 여인의 "눈물바다"와 말을 기술하는 용기다. "그러니 당신, 당신은 이것을 글로 써야만 해요!"[23] 그러므로 그는 이것을 글로 쓰고 자기를 위해 이렇게 덧붙인다. "죄다 기록하는 것을 감행하니 나는 용기를 발휘하는 기분이 든다."[24]

　　같은 대목에서 클렘페러는 이렇게 되풀이하기에 이른다. "이해할 수 없을 정도로 두려운" 상황과 "이에 수반되는 죽음에 대한 불안" 속에서도, 그는 "기록을 포기할 수 없다. 용맹? 허영? 체념? 옳음 또는 그름?—이 모든 것이 고작 몇 분 정도만 나를 동요케 한다는 점이 가장 이상하다. 곧이어 다시 나는 먹고 싶고, 읽고 싶고, 일하고 싶다."[25] "일하기, 일을 만끽하기!"[26] 1944년, 14개월의 강제 공장 노동에 차출된 클렘페러는 그래도 하루 동안 그가 '일하지' 않는 시간의 빈틈에 일한다고 끊임없이 말한다. "내 시간은 빠듯하고, 내 시력은 저하되고, 전쟁은 지지부진하다. 나는 그럼에도 불구하고(trotzdem) 6시 반부터 10시까지 내 시간을 활용하여 […] 집약적으로 일했다(zu intensiver Arbeit)."[27] 그의 아픈 왼쪽 눈이 현실적 조건에서 수술하기 어려워 그는 안경 유리를 박엽지로 가려야 한다. "한쪽 눈만으로 내가 무슨 일을 할

22　1942년 6월 13일. Ibid., p. 123.
23　1942년 7월 26일. Ibid., p. 173.
24　같은 날짜. Ibid., p. 175.
25　1942년 10월 30일. Ibid., p. 254.
26　1942년 11월 29일. Ibid., p. 268.
27　1944년 5월 2일. Ibid., p. 477.

수 있을까? 얼마큼의 시간이 내게 남아 있는가?"[28]

    그의 취약한 삶의 주기는 그럼에도 불구하고 재개될 것이다. 이때까지 언제나 그러한 것처럼, 비록 언제나 끊어질 지경에 있을지라도. 그것은 공포, 욕망, 용기, 끈기, 다시 공포로 이어지는 주기다. "나는 마지막 순간까지 계속해서 관찰하고 기록하고 연구하고 싶다. 공포는 아무 소용도 없고, 모든 것은 운명이다.(그렇지만 모든 철학에도 불구하고 자연스럽게 공포가 간혹 나를 사로잡기에 이른다. 예컨대, 어제 지하 저장고에서 미군이 윙윙대는 소리를 들었을 때처럼.)"[29]

28   1944년 5월 6일. Ibid., p. 479.
29   1944년 7월 21일. Ibid., p. 514.

희망의 시간을 찾아서

"아주 약한 희망"(Très faible espoir), 그러니까 클렘페러는 1942년 5월 29일 자 『일기』에서 프랑스어로 이렇게 쓴다.[1] 필시 '아주 약한'인데, 왜냐하면 연대기 작가가 증언하는 것은 다만 그가 어떻게 빠져나올 수 있을지 언제나 알지 못하는 시간, 다만 그에게 일상의 치명적 위험을 표상하는 시간일 뿐이기 때문이다. 그렇지만 '희망'인데, 왜냐하면 연대기의 글쓰기 자체가 이 연대기가—연대기 작가 자신에게라도—생존하리라는 작은 기회를, 그리고 타인을 위해서든 나중의 가설적인 심판의 시간을 위해서든 다른 곳으로 전달되리라는 작은 기회를 품속에 간직하기 때문이다. 희망이란 결국엔 하나의 감정일 뿐이지만, 그래도 어떤 내기의 형태를 취한다. 그것은 행동주의적인 내기이고(이 희망이 요청하는 조직화, 특히 원고 종이들이 파기되지 않도록 은밀한 곳으로 반출하는

---

1   Ibid., p. 101.

일과 관련하여), 또한 합리적인 내기이다.(『일기』의 내용이 전체주의 기계의 구조 자체가 무엇이었는지 이해하기 위한 다큐멘터리적인 도구를 어떤 가능한 미래에는 제공할 수도 있으리라는 희망과 관련하여.)

희망은 이 시대의 모든 유대인 작가와 사상가가 세공한 역사철학의 한복판에 있다.[2] 클렘페러가 쓴 "아주 약한 희망"이라는 표현은, 특히 발터 벤야민이 1940년 그의 마지막 "역사 개념에 관한 테제들"에서 사용한 매우 비슷한 문구들을 환기시키지 않을 수 없다. 그것은 매 세대마다 "탄압받는 자들의 전통"이 지녔을 "약한 메시아의 힘"(schwache messianische Kraft), 또는 지나가는 시간의 매초마다 미래의 희망이 통과하는 "좁은 문"(kleine Pforte)이다.[3] 여기서 벤야민은 역사학자에 대해서 단지 사실을 설명할 줄 아는 사람일 뿐만 아니라 이에 못지않게 "희망의 불꽃을 지필"(den Funken der Hoffnung anzufachen) 수 있는 사람이라고 말했다.[4] 그러므로 역사학자의 '진리에의 용기'를

2 Cf. Michael Löwy, *Rédemption et utopie. Le judaïsme libertaire en Europe centrale. Une étude d'affinité élective*, Paris, PUF, 1988; Stéphane Moses, *L'Ange de l'histoire. Rosenzweig, Benjamin, Scholem*, Paris, Le Seuil, 1992; Pierre Bouretz, *Témoins du futur. Philosophie et messianisme*, Paris, Gallimard, 2003; Georges Didi-Huberman, *Imaginer recommencer. Ce qui nous soulève*, 2, Paris, Les Éditions de Minuit, 2021.

3 발터 벤야민, 「역사의 개념에 대하여」(1940), 최성만 옮김, 『역사의 개념에 대하여/폭력비판을 위하여/초현실주의 외』, 서울: 도서출판 길, 2008, 332, 350쪽.

4 위의 글, 335쪽.

이해하기 위해 들여다봐야 할 것은, 사실에 포함되어 있는 가능한 것들을 엿보는 능력, 말하자면 징후들을 분간하는 능력이다. 즉, 파묻힌 기억뿐만 아니라 형태를 갖추려는 미래를 동시에 간직한 역설적 사건들을 분간하는 능력.

그렇기 때문에 클렘페러에게는 그럼에도 불구하고 그의 "아주 작은 희망"에 매달리는 일이 매우 중요했던 것이다. 그렇기 때문에 그가 『일기』에서 기록한 무수한 작은 것들을 올바르게 인정하는 일이 매우 필요했던 것이다. 그것들은 징후들이다. 말하자면 공식적인 역사에서 억압된 기억의 가장 귀중한 자료들이다. 그런데 또한 어떤 미래에, 어떤 가능한 생성에 참여하고자 하는 욕망의 증언들이기도 하다. 클렘페러는 연대기의 첫머리부터 "나는 항상 '징후'에 귀를 기울인다"(ich höre immer auf 'Symptome')고 말한다.5 그러므로 이것이 '언어 속에 진실이 있다'(In lingua veritas)는 격언의 방법론적인—그리고 벤야민을 생각한다면 심지어 철학적인—전제일 것이다. 그의 『일기』를 읽어 보면, 희망이 약하면 약할수록 그 희망에 그의 온전한 신뢰를 바치려는 욕망은 더욱 강해지는 것처럼 보인다. 이를테면 그는 이렇게 쓴다. "나는 다시 책에 열중해야 한다. […] 이는 방공호와 같다. 다음 폭격에 대한 생각을 멈추지 않으면 미치게 될 것이니까."6 그러므로 타인을 향한 희망—이런 경험의 무언가는 전달되리라는 희망—은 동시에 자기 자신을 위한 보호일 수도 있다. 취

---

5 1933년 4월 12일. Victor Klemperer, *Journal 1933-1941*, op. cit., p. 36.
6 1935년 7월 21일. Ibid., p. 208.

약하고 일시적인 보호더라도 말이다. 글쓰기의 다음 문장을 생각한다면 전체주의 박해의 다음 규모에 관한 불안이 덜할 것이다.

희망의 미광이라는 정확한 표현이 회자된다. 희망이 우리에게 더욱 선명하고 더욱 폭넓은 빛을 가져다주면 좋겠지만, 대개는 그저 미광으로, 심지어 약한 미광으로 만족하고 만다. 클렘페러가 처한 상황에서 희망이란 절망의 동토(凍土) 사이에 생긴 간격이나 틈새나 단순한 균열일 수밖에 없다. "나는 정서적 무감각 속에서 아무런 기분도 느끼지 못한다. 언제나 오직 한 가지 생각뿐이다. 내 주변의 수많은 사람들이 죽어가는데, 나는, 아직 나는 살아 있다. 아마도 나는 온전히 생존하여 증언하게 되리라…." 그런데 문헌학자가 "무감각"으로 변화된 절망의 얼어붙은 부동성을 언급하는 이 동일한 지면에서, 문득 그가 희망과 열렬한 증언의 욕망으로 "부푼 삶의 기분"(erhöhtes Lebensgefühl)이라 일컬은 것이 솟아난다.7 따라서 취해야 할 행동은 언제나 같다. 희망의 기회와 틈새를 증가시키기, 말하자면 글쓰기의 기회와 틈새를. "일하기, 어떤 난관에 부딪히더라도."(über alles hinwegarbeiten)8

그러나 희망의 미광으로 살 수 있는가? 끈기 있는 일이 즉각적인 공포를 면하게 하고, 이 고통의 시대를 그래도 살게 만든다. "연필을 따라 기어올라"—다른 한편, 이는 현실 밖으로의 단순한 도피이자, 나아가 그의 측근이 무릅쓰는 위험과 대비되는 구체적인 무책임성인 것이 아닐까? "내일 에바는 [『일기』 원고를 숨

---

7   1942년 10월 9일. Id., *Journal 1942-1945*, op. cit., p. 241-242.

8   1942년 10월 16일. Ibid., p. 244.

기기 위해] 한 번 더 피르나에 가고 싶어 한다. […] 내가 에바에게 이런 임무를 떠맡길 권리가 있을까? 사태가 잘못 진행되면 에바의 목숨도 내 목숨도 의심의 여지없이 위태로워질 것이다. 오늘날은 이보다 사소한 일로도 죽는다. 나는 내가 하는 일이 옳은지 (recht) 항상 자문한다."9 그러므로 의심은 이 희망에 특히 내재하는 것이다. 의심은 희망보다 더 광대한 공간을 가리키며, 여기서는 모든 것이 헛되게 드러날 수 있다. 그렇기 때문에 『일기』 자체의 글쓰기가 이룬 끈기는, 독자가 보기에 『일기』가 결코 자기 확신 없이 의심에 침식당한 만큼 더욱더 놀라운 용기를 표출한다.

또한 나치의 집권이 클렘페러에게―그리고 그와 유사한 수많은 다른 사람들에게―정신적, 실천적, 정치적 세계의 붕괴와 같은 것을 불러일으켰다는 사실을 유념해야 한다. 무엇보다도 이는 그가 독일이라는 국가와 맺은 관계에 관여할 것이다. "내가 확실하다고 여겼던 생각들, 내 삶의 작업이 본질적으로 근거한 생각들이 총체적으로 무너진다."10 선의의 영혼을 지닌 자들이 "당신은 유대인들을 가르쳐야 합니다. 예루살렘이 당신을 환영할 겁니다. 바로 거기가 당신의 자리가 있어야 할 곳입니다"라고 그에게 말한다―그러자 이 문헌학자는 "나는 다만 독일인일 따름이오. 내겐 다른 수가 없소. […] 내가 독일을 증오하게 되더라도 나는 그래도 여전히 독일인일 것이오"라고 대답한다.11 그렇지만 예전의 모든 확실성―또는 모든 정체성―이 흔들리는데, 왜냐하면 클

---

9   1942년 10월 23일. Ibid., p. 246.
10   1940년 7월 9일. Id., *Journal 1933-1941*, op. cit., p. 519-520.
11   1942년 6월 28일. Id., *Journal 1942-1945*, op. cit., p. 142.

렘페러는 독일인에서 '독일계 유대인'이 아니라 그저 '비(非)아리
아인'이 되었기 때문이다. 그가 제1차 세계대전 때 목숨을 걸고 수
호했던 조국 자체에서 열외자이자 무국적자가 되었던 것이다.

그러므로 이런 독일에서 유대인으로 존재한다는 것,
바로 이것이 클렘페러를 실존적으로나 지성적으로나 혼란스럽게
만든다. 『일기』에는 나중에 『LTI』에도 실리게 되는 유의미한 인
용이 발견된다. 이는 극작가이자 비평가인 율리우스 밥의 인용이
다. 그는 한 편의 시로 독일계 유대인 또는 유대계 독일인의 고유
한 기분을 표현하는데, 이 모든 것에 샤일록과 같은 말투가 담겨
있다. "그러니까 자네는 독일을 사랑하냐고? 부조리한 질문일세!
/ 내가 내 머리털을, 내 피를, 내 자신을 사랑할 수가 있나? / […]
훨씬 더 깊은 곳에서, 원치 않아도, 나는 내 자신에게 바쳐져 있고,
/ 나, 원치 않아도, 내 자신인 이 나라에 바쳐져 있으니."[12] 나치즘
이 독일 낭만주의의 "절정"에 해당하는 "게르만" 특유의 결과로
여겨진다 한들, 클렘페러가 보기에 독일 낭만주의를 탓할 일은 전
혀 아니다.[13] 『LTI』에서는 표현주의에 대해서 동일한 추론이 고
수된다. "사상사, 문학, 예술이나 언어와 관련하여 나는 순수하게
미학적인 차원의 고찰을 전혀 신뢰하지 않는다. 근본적으로 인간
적인 태도에서 출발해야 한다. 완전히 대립하는 목적들에도 불구
하고, 표현 수단은 때때로 동일할 수 있다. 특히 표현주의가 그런
경우다. 국가사회주의가 죽인 톨러와 제3제국 치하에서 아카데미

12   1943년 8월 8일. Ibid., p. 389.
13   1944년 9월 5일. Ibid., p. 539.

원장이 되었던 요스트가 두 명 모두 표현주의에 속한다."14

클렘페러는 언어 속에서 희망하기, 더욱 정확하게는 모국어 속에서 희망하기를 결코 포기하지 않은—조지 오웰, 돌프 슈테른베르거 또는 알렉산데르 바트와 같은—"전체주의 언어에 대한 저항자들"에 속한다.15 왜냐하면 언어 속에서 희망하기란, 바로 정치적 탄압의 실천과 분리될 수 없는 전체주의적 언어의 용법에 맞서 언어를 수호하려 애쓰는 것이기 때문이다. 이런 점에서 클렘페러는, 에른스트 카시러가 그런 용법에 맞서 수행해야할 계몽 투쟁의 지속적인 위급성을 지적하며 『국가의 신화』에서 내린 결론에 충만히 결합한다. "우리가 처음으로 [나치의] 정치적 신화들에 대한 얘기를 들었을 때는 그것들이 너무나 엉뚱하고 어처구니없으며 기막히고 부조리해서 그것들을 심각하게 받아들이기가 어려웠다. 이제는 이게 크나큰 잘못이었다는 것을 안다. 우리는 이런 잘못을 또다시 저지르지 않아야 한다. 그런고로 정치적 신화들의 기원과 구조 및 기술(技術)을 철저하게 연구하기 시작해야 한다. 적과 어떻게 싸워야 할지 알기 위해서 우리는 적을 똑바로 응시하는 법을 배워야 한다."16

때때로 클렘페러는 한나 아렌트와 발터 벤야민, 나아가 게르숌 숄렘과 엘리아스 카네티와 비교되었다.17 아렌트와 관

14 Id., *LTI, la langue du IIIe Reich*, op. cit., p. 99.

15 Cf. Jacques Dewitte, *Le Pouvoir de la langue et la liberté de l'esprit. Essai sur la résistance au langage totalitaire*, Paris, Michalon Éditeur, 2020.

16 에른스트 카시러, 『국가의 신화』(1946), 최명관 옮김, 서울: 창, 2013(개정판), 403쪽.

17 Cf. Olivier Remaud, "La langue des temps sombres:

련한 인접성은 명백해 보이는데, 적어도 이들 각자의 사유가 지닌 다섯 가지의 차원이나 측면에 상응하는 다섯 가지 이유를 들 수 있다. 첫 번째 차원은 전체주의 분석에 관련된다. 클렘페러가 나치 사회의 한복판에서 그날그날 수행한 분석이, 아렌트가 1951년에서 1971년 사이에 『전체주의의 기원』이라는 제목으로 꾸준히 착수한 상당한 작업을 자주 예견하는 것처럼 보이기 때문이다. 전체주의 국가가, 아렌트가 말하듯이, "무국적자를 제작하는" 것에 골몰하며,[18] 고유한 "식민지의 방법을 유럽의 사안들에" 도입하는 방식을 상기하는 것으로 충분하다.[19] 또는 전체주의의 관료적인 장치의 구조에 내재한 공포를 조직하기 위해 프로파간다가 맡은 근본적인 역할을 상기하는 것으로 충분하다.[20]

이렇게 합치되는 분석의 두 번째 차원은, 클렘페러가 기술한 가장 세세한 것들에서까지 전개된 추악의 현상학이라고 명명할 수 있다. 아렌트가 분석한 "총체적 지배"[21]의 환경으로 침잠한 자에 대해서는, 하지만은 없다고, 따라서 세계는 없다고, 그리고 인간의 모든 공간은 아렌트가 저작의 결론에서 각자가 국가장치의 "전체" 속에서 처한 고립이나 "적막"이라고 일컬은 것에

Canetti, Klemperer, Benjamin," *Diogène*, n. 189, 2000, p. 14-29; Steven E. Aschheim, *Scholem, Arendt, Klemperer: Intimate Chronicles in Turbulent Times*, Bloomington, Indiana University Press, 2001.

18 한나 아렌트, 『전체주의의 기원 1』(1951-1971), 이진우, 박미애 옮김, 파주: 한길사, 2006, 493-523쪽.

19 위의 책, 495쪽.

20 한나 아렌트, 『전체주의의 기원 2』(1951-1971), 이진우, 박미애 옮김, 파주: 한길사, 2006, 71-143쪽.

21 위의 책, 218-253쪽.

넘겨졌다고 말할 수 있다. "자주 관찰된바, 공포는 오로지 서로에게 고립된 인간들만을 절대적으로 지배할 수 있으며, 따라서 모든 독재 정부의 일차적 관심사 중 하나는 이러한 고립을 불러일으키는 것이다. [⋯] 고립된 인간은 정의상 무력하다. 고립과 무기력, 즉 근본적인 행위의 무능력이 언제나 독재의 특징이었다. [⋯] 우리가 정치의 영역에서 고립(isolation)이라고 부르는 것은 사회교류의 영역에서 적막(loneliness)이라고 불린다."[22] 그렇다면 클렘페러는 스스로 고독—유일하게 그가 자유롭게 사유하고, 아렌트가 말하듯이, 결정적인 무언가를 "시작"할 수 있었던—을 발명하여, 독재의 추악한 환경이 또한 그에게 부과한 적막에 대항했던 셈이다.

이렇게 전체주의와 맞서는 세 번째 측면은 감정의 역할에 관련된다. 나치 정권에 맞서는 대립은 합리성만으로 이루어지지 않는다. 클렘페러의 『일기』가 모든 장마다 보여주는 바와 또한 한나 아렌트가 주장하는 바는, 여기서는 이성과 분노로 궐기하기, 혹은 심지어 이성을 분노의 강도까지 궐기시키기가 필요하다는 것이다. 특히, 아렌트가 1953년 출간한 「에릭 푀겔린에게 보내는 답변」의 의미가 그런 것이었는데, 이 답변에는 전체주의 현상에 대한 진정한 감성 비판, 더욱이 정념 비판—윤리적으로 또한 정치적으로 감동된 비판이므로—의 요소들이 발견된다. "인간의 존엄에 상반되는 그런 조건들에 대한 인간의 자연적인 반응은 분노와 분개의 반응이다. 만일 내가 이런 조건들을 기술하면서 나의 분개가 개입하도록 허용하지 않는다면, 나는 이 특수한 현상을 그것이 놓인 인간 사회의 맥락으로부터 들어내는 것이고, 그리하

22 위의 책, 276-277쪽.

116

여 그 본성의 일부를 감추는 것이다[…]. 강제 수용소를 분노 없이 (sine ira) 기술하는 것은 '객관적인' 것이 아니라 그것에 대해 눈 감아 주는 것이다. […] 이런 의미에서 나는 수용소를 지상의 지옥으로 기술하는 것이 더욱 '객관적인' 것이라고, 즉 순수하게 사회학적이거나 심리학적인 진술보다 수용소의 본질에 더욱 적합한 것이라고 생각한다."23

또한, 전체주의에 대한 이런 정신적 저항의 네 번째 측면이 있다. 이는 정확히 내가 언어 속의 희망이라고 부른 것과 관련된다. 이는 클렘페러에게는 편재하고 일방적인 것이었고, 아렌트에게는 보다 유연한 형태를 취한 것이었지만―주된 이유는 아렌트가 현지어인 영어로도 글쓰기를 했기 때문이다―1964년 "무엇이 남았냐고요? 모국어가 남았지요."(Was bleibt? Es bleibt die Muttersprache)라는 제목으로 귄터 가우스와 가진 인터뷰에 이르러서는 강하게 표현된 것이다.24 마지막 차원은 다른 모든 차원들의 토대가 낳은 결과, 혹은 차라리 그 토대의 표현일 것이다. 이 것을 체몽의 인간성이라고 부를 수 있다. 이것이 모범적으로 활용된 것은, 한나 아렌트가 1959년 함부르크에서 레싱상 수상을 기회로 발표한 유명한 강연이다. 이 강연에서 언어 속의 희망이 단번에 읽히며, 또한 감정이라는 주제와 연결된다. 단어의 가장 폭넓

23 한나 아렌트, 「에릭 푀겔린에게 보내는 답변」(1953), 홍원표·임경석·김도연·김희정 옮김, 『이해의 에세이 1930-1954』, 서울: 텍스트, 2012, 622-623쪽.
24 한나 아렌트, 「무엇이 남아 있느냐고요? 언어가 남아 있어요」(1964), 윤철희 옮김, 『한나 아렌트의 말』, 서울: 마음산책, 2016, 19-71쪽.

117

은 의미에서 작가란 무엇인가? 아렌트는 다음과 같이 레싱을 인용하며 대답한다. "그에게 감동적인 것은, 감동적이다."(was ihn bewegt, bewegt)²⁵

그런데 이 문장은 전혀 동어반복이 아니다. 시인의 확장된 인간성은 그가 감동된다는 데에서 비롯되지 않는다.(왜냐하면 모든 사람들이 온갖 다양한 동기와 결과를 이유로, 말하자면 최악의 이유로도 최선의 이유로도 감동되니까.) 그게 아니라 감동된 시인이 자기 자신을 넘어서 감동시키기 때문이다. 따라서 그의 감정은 더 이상 아무것도 개인적이지 않다. 즉, 글로 쓰인―잘 쓰이고 열린, 잘 사유된―그의 감정은 모든 사람과 관련된다. 아렌트를 통해 이 주제가 "세계 및 공적 영역과 투쟁하는" 사상가의 상황과 직접적으로 관계된다는 것이 주목할 만한데,²⁶ 이는 명백히 우리에게 클렘페러를 생각하게 만든다. 때때로―특히 독재의 시대에―자유롭기 위해서는 "세계 밖으로의 후퇴"에 착수해야 하는데, 이는 세계에 대한 사유로 이해되어 "여전히 세계에 유용한" 것일 수 있다.²⁷ "레싱은 사유로 후퇴했지만 자기 자신에 매몰되지 않았고 [이로써 보존한 것은] 그의 운신의 자유였다."²⁸ 그의 후퇴는 그의 고독한 위치를 보호하는 동시에 그의 사유를 연대의 제스처로 표출하고, 아렌트는 "비판적 후퇴"가 특히 탄압받는

25 한나 아렌트, 「어두운 시대의 인간성: 레싱에 관한 사유」(1959), 홍원표 옮김, 『어두운 시대의 사람들』, 파주: 한길사, 2019, 66쪽.
26 위의 글, 67쪽.
27 같은 곳.
28 위의 글, 74-75쪽.

인간들 간의 특정한 "박애"의 윤리와 맺는 관계—클렘페러의 『일기』가 처한 상황에 정확히 상응하는—를 확립한다.[29]

　　여기에 기술된 것은 그야말로 비인간성에 맞서는 인간성이다. 그런데 한나 아렌트에 따르면, 이런 관계는 인간의 근본적인 두 가지 능력을 통해 이루어진다. 첫 번째 능력은 언어다. 언어가 "단일한 진리라는 개념과 엮인 비인간성", 즉 전체주의가 확실하게 구현한 비인간성을 깨뜨리게 해 준다.[30] 따라서 아렌트는 레싱에 관한 찬사를 끝맺으며 "그는 세계의 사안들과 세계의 사물들에 대해 끊임없이 언제나 되살려 언급함으로써 오로지 [비인간적인] 세계를 인간화하는 것에 관심을 두었을 뿐"이라고 썼다.[31] 그러므로 언제나 되살려 언급하기인 것이다. 즉, 언제나 질문하는 언어, 결코 닫히지 않는, 구호도 없고 "단일한 진리"도 없는 언어인 것이다. 아렌트가 소환한 또 다른 능력은 상상력인데, 특히 아렌트가 죽을 때까지 미완으로 남겨둔 칸트에 관한 저작이 이를 증언한다.[32] 그런데 상상력은 되풀이될 때조차도 재배치되고 전치되면서 새로운 형상화를 통해 언제나 되살려 사유하기를 생산한다. 이것 또한 클렘페러의 『일기』를 읽으면서 발견하게 되는 것이 아닌가?

　　18세기를 전공한 이 문헌학자가 계몽주의에서 곧바로 유래한 희망에 대한 교훈을 얻고자 한 것은 놀랄 일이 아니다. 그

29　위의 글, 81-85쪽.

30　위의 글, 100-101쪽.

31　위의 글, 105쪽.

32　한나 아렌트, 『칸트의 정치철학』(1970-1975), 김선욱 옮김, 파주: 한길사, 2023, 171-181쪽.

래서 '희망의 빛'(les lumières de l'espoir)이라기보다는 계몽 속의 희망(l'espoir dans les Lumières)인 것이다. 이런 희망은 이성과 상상력이 공동으로 어떤 윤리에 이끌려 작동하는 것으로 이해된다. 그러므로 임마누엘 칸트의 형상이—더욱 정확하게는 쾨니히스베르크 대학교 앞에 당당히 놓인 그의 조각상에 대한 기억이—『일기』 속에서 클렘페러가 1941년에 몽당연필과 부족한 종이로 꼼짝없이 시간을 보내던 감방 깊숙한 곳으로부터 솟아난 사실은 전혀 우연한 일이 아니다.33 또한 전체주의 체제에 대한 클렘페러의 원칙적 지각이 다음과 같이 표현될 수 있었다는 사실도 전혀 우연한 일이 아니다. "독재가 어떤 본성을 지니든 간에 그것에서 본질적인 것은 질문 충동에 대한 억압이다(das Unterdrücken des Fragetriebs)."34

하지만 없음을 부과하는 독재에 맞서, 사실상 철학은 질문을 정식화하는 기예를 끈질기게 내세운다. 계몽이란 무엇인가? 이렇게 칸트는 물었다. 그의 유명한 첫 번째 답변은 "인간의 미성년 상태(Unmündigkeit)로부터 벗어나기"의 근본적인 필연성을 제기하는 것이었다. 이는 곧바로 인간 실존이 군사적 탄압이든, 관료적 탄압이든, 종교적 탄압이든 모든 형태의 탄압에 맞서 봉기하는 것으로 이어졌다. "계몽을 위해서는 다름 아닌 자유가 요구된다. 자유라고 일컬어지는 것 중에서 가장 무해한 자유, 즉 어떤 일에서든 자신의 이성을 공적으로 사용할 수 있는 자유가 요구된다. 그런데 사방에서 '따지지 마라!'라고 외치는 소리가

---

33 Victor Klemperer, *Journal 1933-1941*, op. cit., p. 615.
34 1938년 4월 10일. Ibid., p. 389.

들려온다. 장교는 '따지지 말고 훈련하라!'라고 말한다. 세무원은 '따지지 말고 납부하라!'라고 말한다. 성직자는 '따지지 말고 믿어라!'라고 말한다."35

클렘페러는 모든 교양 있는 독일인과 마찬가지로 『순수이성비판』의 맨 뒷부분에서 "이성의 최고 목적"이 세 가지 유명한 질문을 통해 정식화되었음을 틀림없이 알고 있었다. "나는 무엇을 알 수 있는가? 나는 무엇을 해야 하는가? 나는 무엇을 희망해도 좋은가?"36 그런데, 마지막 질문—목숨이 걸린 역사적 과정에 부득이하게 휘말린 사람이라면 누구에게든 분명히 결정적인 질문—에 대하여 칸트는 두 가지 중요한 세부 사항을 덧붙였다. 한편으로, 희망은 "실천적인 동시에 이론적인" 차원에 위치한다. 마치 희망이 이 두 차원 사이에 다리를 놓아주는 것처럼 말이다. 이는 상상력이 감성계와 지성계 사이에 다리를 놓아주는 것과 마찬가지다. 다른 한편, 희망의 근본적인 특징은 "모든 희망(alles Hoffen)이 행복을 지향하며, 이것이 실천적 질서 및 도덕 법칙과 관련되는 것은 지식과 자연법칙이 사물의 이론적 인식과 관련되는 것과 같다"는 사실에서 표시된다. "결국 희망은, 어떤 것(가능한 최종 목적을 규정하는 것)이 존재하는 이유는 어떤 것이 일어나야 하기 때문이라는 결론에 이른다."37 그러므로 모든 체제들

---

35 임마누엘 칸트, 「계몽이란 무엇인가 하는 문제에 대한 답변」(1784), 임홍배 옮김, 『계몽이란 무엇인가』, 서울: 도서출판 길, 2020, 28쪽, 31쪽.

36 임마누엘 칸트, 『순수이성비판』(1781-1787), 백종현 옮김, 서울: 아카넷, 2006, 933쪽.

37 위의 책, 934쪽.

과 하지만 없이 또는 왜냐고 없이 부과된 모든 법칙들을 훌쩍 넘어서 있는 이유들로 사람들은 희망을 품는다.

클렘페러의 『일기』를 읽게 되면, 그가 스스로 "18세기에 사로잡혀 있다"고 말하는 것이 더 잘 이해된다. "무엇보다도 내게 중요한 것은 언제나 지성적 상상력에 대한 질문(die Frage der intellektuellen Phantasie)"이고, 계몽주의의 전형인 그 상상력의 비판적 효력에 대한 질문이다.[38] 예컨대, 그는 루소의 "『고백록』 속으로 이제 깊이 들어가려 노력한다"고 말한다.[39] 그렇지만 몇 달 후 그는 이 해방적인 세기의 문학에 관한 그의 작업을 적절히 수행할 수단도 없고 우호적 지원도 없는 상태에 처한다. "『에밀』에 대한 장을 완수함. 나는 몇 달간 소식이 없는 뵝글러에게 편지를 써서 나를 위해 연구소 도서관에서 『엘로이즈』교정판(과 여러 저작들)을 대출할 수 있는지 물어보았다. 그가 일요일 오후에 누이와 함께 이곳에 방문했다. 그는 '독일 혈통 사람들' 등을 운운하는… 새로운 공무원법이 너무 엄격해서 엄두가 나지 않는다고 한다. 그로서는 나를 방문하는 것이 이미 용기 있는 일이었다."[40]

혈통의 구별이 아무리 부조리하고 기괴하더라도 다른 사람들에 대한 '독일 혈통 사람들'의 절대적인 지배가 확장되는 불길한 맥락 속에서, 계몽주의의 문헌학자에게 남은 것이라곤 이런 과거 속에서 희망하기뿐이었다. "지금 내 사유는 그 어느 때보

38 1934년 3월 19일. Victor Klemperer, *Journal 1933-1941*, op. cit., p. 107.

39 1936년 6월 12일. Ibid., p. 268.

40 1937년 2월 11일. Ibid., p. 328.

다도 볼테르적이고 범세계적이다. 모든 민족적 구분이 내게는 야만으로 보인다."[41] 또한 이는 그가 1929년에 연구하면서 "독일의 새로운 범세계적 시대"라고 이름 붙인 것에서 그의 눈에 비친 중요성을 알린, 유럽 문화의 이런 비옥하고 이주하는 순간들 속에서 희망하는 방식이었다.[42] 이 시대는 둘 이상의 나라 사이에서, 둘 이상의 언어 사이에서 이방인의 말이 들릴 수 있는 시대였다.

　　따라서 클렘페러의 희망은 그의 고유한 현재에 대해서 고통에 처한 희망(espoir à peine)이었음이 이해된다. 그렇지만 이 희망은 어떤 변증법과 같은 것, 즉 '고통'(peine)의 두 가지 가능한 운동의 변증법을 전제하고 있었다. 한편으로, 이것은 『일기』의 매 쪽마다 제대로 기술된, 일상적으로 감소하는 삶을 의미했다. 그러므로 그가 유대인으로서 겪은 '고통'(peine)으로 인하여 비극적으로 축소되는 희망의 여지를 의미했다. 그러니까 오로지 '가까스로 희망'(à peine un espoir)이 존재할 따름이었다. 그렇지만, 다른 한편으로, 클렘페러의 희망은 『일기』를 위대한 증언의 걸작으로 만드는 것 속에서 표현되었다. 즉, 끈기 있는 작업의 노력을 통해 그럼에도 불구하고 희망을 확장하라는, 이런 창조적 고통의 희망(peine créatrice d'espoir)을 확장하라는, 역시나 일상적인 요구 속에서 표현되었던 것이다.

41　1938년 10월 9일. Ibid., p. 416.
42　Id., *Littérature universelle et littérature européenne*, op. cit., p. 59.

이야기가 자원이 될 수 있도록

벌어지는 일이 사유할 수 없는 것이었을 때 어떻게 이것을 사유하기에 성공할 수 있는가? 그러니까 이런 미치겠는 의문시로부터 어떻게 희망의 운동을 가까스로(à peine) 또는 고통스럽게(avec peine) 확장할 수 있는가? 마음 전부와 생애 전부가 독일인이었던 빅토르 클렘페러는 하루아침에 독일 사회에서 배제당했고, 선출된 독일 정권에 의해 박해당했고, 목숨을 위협당했다. 그가 유대인이었기 때문이다. 그가 랍비의 아들이었기 때문이다. 하지만 그는 성인으로서 자기 세대의 전형적인 선택을 했었다. 즉, 개신교 신자와 결혼했었고, 더구나 금세 개신교로 개종했었다—이는 당시에 대학교에 임용될 기회를 얻기 위한 통상적인 조건이었다. 그는 근본적으로 독일인이었고(언어와 문화로 인해), 근본적으로 비종교적이었다(계몽주의 정신에 의해). 그렇지만 『일기』를 써나가는 와중에, 그리고 삶의 조건이 극적으로 악화되면서, 그는 그의 불행이 흘러나온 실존적인 조건에 대해, 즉 그가 유대인이라는 조건에 대해 더욱더 첨예한 방식으로 성찰하게 된다.

아주 의미심장하게도 1934년 무렵 클렘페러의 『일기』속에서 하인리히 하이네라는 인물—절대적인 독일계 유대인, 대표적인 범세계주의자, 언어의 천사—이 솟아났는데, 그건… 예언자로서였다. "며칠 전, 블루멘펠트는 어떤 친구가 일독을 권한 책이라고 하면서 나한테 하이네의 『독일의 종교와 철학의 역사에 대하여』의 마지막 부분에 주의를 기울여 보라고 말했다. 난 믿을 수 없을 만큼 매료되었다. 놀라운 예언이다(eine solche Prophetie)! […] 내 모든 작업을 위해 활용할 만하다."[1] 그런데 이 "예언"이란 무엇이었는가? 하이네는 프랑스 혁명의 풍족한 열광이 독일에서 무엇이 될 수 있을지 상상했다—그리고 이는 특히 희망으로 가득한 스파르타쿠스단에 관해서 나치 반(反)혁명이 1918년부터 1933년까지 저지른 사회주의에 대한 증오에 찬 모방과 가혹 행위를 하이네가 예고한 것과도 같았다. "칸트의 비판, 피히테의 초월적 관념론, 심지어 자연철학이 먼저 나타났다는 이유로 독일 혁명이 더 순순하진 않을 것이다. […] 칸트주의자들이 등장하여 현상적 세계에서조차 어떠한 신앙심에 관해서도 들으려 하지 않고 도끼와 칼로 우리의 유럽적 실존의 토양 자체를 무자비하게 난도질하여 과거의 뿌리를 모조리 뽑아낼 것이다. 피히테주의자들이 무장하고 뛰어들면 공포든 사심이든 그 무엇도 이들의 광적인 의지를 멈추지 못할 것이다. […] 하지만 자연철학자들이 능동적인 방식으로 독일 혁명에 개입하여 파괴의 작업 자체에 스스로를 동일시하게 된다면 이들이 그 누구보다도 가장 무서울 것이다.

1   1934년 8월 1일. Id., *Journal 1933-1941*, op. cit., p.136.

[…] 자연철학자는 자연의 본원적인 역량과 관련되고 고대 게르만 범신론의 악령의 힘을 불러낼 수 있으므로 가혹할 것이다. […] 그리하여 독일에서 한 편의 연극이 상연될 것이고, 이에 견주면 당신에게 프랑스 혁명은 무해한 전원시처럼 보일 것이다."[2]

다른 한편, 클렘페러의 『일기』 속에서 하이네가 독일 정치가 처한 조건의 어떤 것을 '예언하던' 그곳에 프란츠 로젠츠바이크라는 인물이 솟아나 전체주의의 '어두운 시대'에 유대인이 처한 조건의 어떤 것을—성서적 전통과 철학적 현대성 사이에서—예언한다. 따라서 클렘페러는 로젠츠바이크의 방대한 서한집에 몰두한다—그가 참고한 판본은 대략 750쪽짜리다.[3] 그리고 그는 이에 대해 "절망적인 독서"(verzweiflungsvolle Lektüre)라고 말한다.[4] 그러나 그는 끈질기게 노력하여 이틀 후에는 이것의 "중요성"을 조금씩 이해하게 된다고 말한다. "로젠츠바이크의 이해할 수 없는 바닷속에서 나는 언제나 중요한(wichtig) 어떤 것을 여기저기서 낚는다. 결과적으로 나는 여기서 떨어져 나오지 못한다."[5] 하지만 아주 "절망적인" 독서의 바탕으로부터 도대체 무엇이 아주 "중요한" 것으로 드러나는가? 클렘페러는 『일기』 자체 속에서 이런 질문을 해결할 시간도 에너지도 없었던 것으로 보인

2   하인리히 하이네, 『독일의 종교와 철학의 역사에 대하여』(1834), 태경섭 옮김, 서울: 회화나무, 2019, 239-241쪽.

3   Franz Rosenzweig, *Briefe*, éd. E. Simon et E. Rosenzweig, Berlin, Schocken Verlag, 1935.

4   1944년 7월 17일. Victor Klemperer, *Journal 1942-1945*, op. cit., p. 510.

5   1944년 7월 19일. Ibid.

다. 하지만 이 질문은 결정적인 것이었다.

　　여기엔 클렘페러가 자신의 계보와 맺는 모든 관계가 관여되어 있었기 때문이다. 두 가지 근본적인 특징이 로젠츠바이크를, 그와 매우 가까웠던 마르틴 부버와 함께,[6] 이 문헌학자에게 "절망적인" 인물로 만들었음이 이해될 수 있다. 한편으로, 로젠츠바이크는 너무 높은 곳을 겨냥했고, "신비주의로 몰입하는" 경향을 지녔던 반면, 『LTI』의 저자가 단연코 원한 바는 "구두장이처럼 행동하며, 내 신발보다 더 높은 곳에 가지 않는 것"이다.[7] 다른 한편, 클렘페러는 그르건 옳건 간에 이런 종류의 사유가 이 시대의 시온주의 교리와 과하게 연관된다고 평가했고, 그 교리에 대해 그의 『일기』 전체에 걸쳐서, 그리고 나중에는 『LTI』에서도, 극단적으로 주저하는 모습을 보였다. "유대교의 본질, 시온주의의 정당성은 내 주제가 아니다. [토라의 신은] 경작지의 신이 아니다. 왜냐하면 이 신이 자기의 민중에게 부여한 진정한 사명은 민중으로 존재하지 말라는 것이며, 그 어떤 공간적 장벽에도, 그 어떤 물리적 장벽에도 얽매이지 말라는 것이기 때문이다…."[8] 동화(同化)에 대한 옛 희망으로 정당화된 특정한 독일 민족주의를—몹시도 고통스럽게—포기한 다음에, 클렘페러는 그 어떤 '민족'에 대한 욕망도 논리적으로 받아들일 준비가 되어 있지 않았다.

　　그렇지만 클렘페러가 그의 걸작인 『LTI』의 제사(題

6　Cf. Martin Buber et Franz Rosenzweig, *Dialogue, tradition, traduction. Choix de lettres 1919-1929*, trad. S. Goldblum, Paris, Hermann, 2015.

7　Victor Klemperer, *LTI, la langue du IIIe Reich*, op. cit., p. 275.

8　Ibid.

詞)로 결국 선택한 것이 바로 프란츠 로젠츠바이크의 다음과 같은 문장이다. "언어는 혈통 이상의 것이다."(Sprache ist mehr als Blut)9 두 가지 상보적인 욕망이 어떻게 이 독특한 선택을 인도했는지 상상해 보자. 한편에는, 유물론적 문헌학자의 명시적인 의지가 있다. 이것은 인종과 혈통에 대한 나치의 신비화를 끝까지 반박하고—분석을 통해 해체하고—당신의 진실은 당신의 혈통이 아니라 당신이 말하는 언어 속에 있다는 근본적인 가르침에 도달하려는 의지이다. 다른 한편에는, 그의 모든 노력과 그의 모든 지식을 특정한 언어 철학과 결부시키려는 암묵적인 소망이 있다. 이 철학은 유대적 전통이 '계시'와 '몽매'의 영속적인 변증법의 높이—또는 심연—까지 끌어냈던 것이다. 전체주의 언어의 임상의가 된다는 것은, 프란츠 로젠츠바이크, 발터 벤야민, 또는 게르숌 숄렘이 제각각 역사에 대한 모든 사유의 한복판에 위치시켰던 이런 언어의 역량을 다시 보여주는 방식이지 않았을까?

아마도 클렘페러는 한순간도 끊임없이 이 두 가지 욕망 사이를 오갔을 것이다. 필시 유물론적 문헌학자는 아버지 쪽 계보의 어떤 것을, 즉 성서 주해, 제의로서의 언어, 신앙의 토대로서의 언어의 어떤 것을 파기시켰다. 그렇지만 언어 철학자는 일말의 언어에 내재한 역량을 능숙하게 재발견했다. 급기야 『일기』를 클렘페러가 자기의 고유한 계보로 향하는 일종의 '율리시스의 귀환'으로 읽는 것마저도 가능할 것이다. 그것은 분명히 (반유대주의 탄압 자체에 의해) 강제된 귀환이다. 그러므로 고통스럽고, 소란스럽고, 분열되고, 당황스러운 귀환이다. 이 모든 것은 상기하

9   Ibid., p. 8.

는 과정으로 전개된다. 박해당한 유대인이 잇따른 사실들과 정서
들을 통해 그의 고유한 실존적 조건에 대한 사유로 향하는 것이
다. 여기에 물론 쉬운 것이라곤 전혀 없다.

클렘페러는 곤란한 중간(entre-deux)에 자리를 잡았던
것이다. 즉, (적어도 처음엔) 완전히 유대인은 아닌, 하지만 (그의
운명 자체를 통해) 완전히 유대인인 것이다. 그 결과, 사방에서 추
방당할 위험을 감수한다. 그의 형 게오르크는—적어도 1936년에
믿은 바에 따르면—"그가 모든 명예를 상실한 건 그가 독일에 남
아 있기 때문이라고 분명히 여긴다."[10] 다른 한편, 같은 시기에 마
침내 그는 "국가사회주의 독일 노동자당이 대중의 기분을 완전히
파악했으며, 온전히 독일인으로 인정받고 싶은 유대인들의 꿈은
역시 하나의 꿈이었다고 결론을 내린다. 이것이 나에겐 가장 잔혹
한 결론이다."[11] 그래도 그는 그의 측근 상당수가 취한 시온주의
적 입장을 계속해서 지탄한다.[12] 1940년 5월, 클렘페러는 부인과
함께 처음으로 들어간 집단 유덴하우스에서 그에게 남은 책들을
헤아려본다. "사전들, 랑송, 셰레르, 마이어, 현대어 문법책들, 내
가 집필한 학술서적들…"뿐만 아니라, 또한 아주 중요한 문건들,
그중엔 "기회가 닿으면 타자한 사본을 만들고 싶은 탈무드의 친
필 구절들."[13]

1년이 지나고, 그의 예전 생각과의 대조가 백일하에 드
러난다. "예전의 나는 유대인으로서 판단하지 않는다고 말했을

10　1936년 3월 6일. Id., *Journal 1933-1941*, op. cit., p. 245.
11　1936년 9월 27일. Ibid., p. 300.
12　Ibid., p. 438, 441, etc.
13　1940년 5월 26일. Ibid., p. 511.

것이다. […] 오늘의 나는 완전히 유대인으로서 판단한다. 왜냐하면 그 자체로 나는 히틀러 전체주의 안에서 유대인의 대의에 감화되었기 때문이다."[14] 그의 모든 지난날의 정서들이 대부분 전도된다. "수년 동안 나는 낙천적이었고, 내 주위의 유대인 세계가 검은 비관주의를 띠고 있었다. 이제는 정반대다."[15] 따라서 그는 이스마르 엘보겐의 『독일 유대인의 역사』나 "[하인리히] 그래츠의 『유대인의 역사』 전3권 보급판"에 몰두한다.[16] 이 두 경우에 그는 자기 아버지의 운명과 비교되는 그의 운명에 대해 명시적으로 묻는다. 그래츠의 책에 대해서 그는 괄호 안에 이렇게 쓴다. "나는 그 아래에서 잠들곤 했던 아버지의 서가에 꽂힌 대리석 무늬의 노란색 하드커버 전11권 판본을 다시 떠올린다. 아버지가 돌아가시자 나는 양심의 거리낌 없이 그걸 팔았다. '유대인 문학—나와는 아무런 상관이 없지!'"[17]

어느덧, 주위에 죽은 사람들이 늘어나고, 클렘페러는 점점 더 자주 드레스덴 유대인 묘지에 있게 된다. 그러므로 그는 명백한 동포애로 유대적 제의의 제스처와 다시 결속되면서도, 추도사의 어색하고 위선적인 어조에 대한 불편함과 비웃음을 한꺼번에 느낀다. "나는 오전 시간을 유대인 묘지에서 보냈다. '탈출을 시도하다 사살된' 아른트의 유골함이 축성되었다. 묘지 관리인 야코비가 단조롭고 번지르르한 목소리로 진정한 짧은 간증을 읽

14 1941년 4월 16일. Ibid., p. 568.
15 1941년 7월 21일. Ibid., p. 626.
16 1942년 3월 27일, 6월 8일. Id., *Journal 1942-1945*, op. cit., p. 56 et 111.
17 1942년 6월 8일. Ibid., p. 111.

었다. 끔찍했다. '그는 무척 사랑받았습니다.'—'그의 부부 생활은
완전히 행복한 2년이었고, 이후에 그의 부인이 영국으로 떠났지
만, 그는 부인을 따를 수 없었습니다.'(그렇지만 그가 이곳에서 연
인과 함께하며 마음을 달랬음을 모두가 알고 있다.)—'너희의 길
이 나의 길인 것도 아니니…. 하느님 아버지 안에서 믿음을 가짐
세….' 그러고서 야코비는 카디쉬(kaddish)를 낭송했다. 누군가
내게 '동쪽을 향해야 합니다!'라고 속삭여서 나는 불편함을 느꼈
다. […] 간밤에 내리기 시작한 눈이 계속 내리고 있었고, 나는 묘
지까지 고생스럽게 가면서 새로 눈을 치워야 할 고역을 불안스레
생각했다."[18] 한 달 후에 그는 반어법과 불안감을 모두 담아 묘지
가 그의 가장 습관적인 목적지 중 하나가 되었다고 기록한다. "어
제, 유대인 묘지—이제 나는 거의 집에 있듯이 그곳에 있다."[19]

　　　　그리하여 클렘페러는 자기 자신의 불안을 모든 유대인
민중이 체험하는 불안의 단순한 일부로 해석한다. "계속해서 나
는 소진된—심장 문제, 만성 피로—느낌이 들고 매우 우울하다. 이
우울증(Depression)은 모든 유대인의 우울증이다."[20] 그런데 이
렇게 "유대인의 우울증"을 받아들이는 방식은 또한 그에게는 희
망의 틈새를 마주하기 위한 길이기도 하다. 왜냐하면 이런 "우울
증"이 지닌 고유한 언어가 쇠약과 끊임없는 공포로 이루어졌을
뿐만 아니라, 또한 이따금 솟아나는 재담으로 이루어졌기 때문이
다. 이때 언어는 여전히 유희할 에너지를 소유하고 있음을 증명하

18　1943년 1월 3일. Ibid., p. 285-286.
19　1943년 2월 5일. Ibid., p. 305.
20　1943년 3월 29일. Ibid., p. 325.

기에 이른다. "[유덴하우스의] 모두가 의기소침하고 노여워한다. 각자가 모두에게 경고하며, 조용하라고 조심하라고 조언하지만, 자기 자신은 조심하지 않는다. 나로 말하면, 나는 두려움 없는 절대적 체념의 관점을 항상 옹호한다.(하지만 불안이 없지는 않다.) 베르거가 만담을 하나 인용했다. 이미 꽤 오래된 것이겠으나 내가 알지 못했던 만담이다. '홍해를 성공적으로 건넜으니 갈색 똥도 역시 건너리라!'"[21]

　이런 단 하나의 예시만으로도 어찌 알지 못하겠는가. 얼마나 클렘페러의 문헌학적 관심이 ("홍해"와 "갈색 똥"에 관한 만담에 담긴) 언어적 사실들의 단순한 관찰에 멈추는 게 아니라, 그것들이 역사적 사실들을 통해 유도되는 ("의기소침하고 노여워하는" 유대인들의 상황에 담긴) 정서적 사실들 안에서 징후적으로 등장하는 것을 기록하기에 몰두하고 있는지를. 그러므로 클렘페러는 단지 언어의 기술자(記述者)에 불과하지 않다. 또한 그는 한 시대의 연대기 작가이며,[22] 벌어지는 것(역사적 사실들)과 체험되는 것(정서적 사실들)과 이에 대해 말해지는 것(언어적 사실들)의 매듭에 주의를 기울인다. 하지만 그는 그의 시대의 역사가이기를 겸허하게 거부한다. "대문자 역사의 큰 윤곽을 내버려 두기, 개인적으로 관찰된 작은 것들을 기록하기."[23]

　그가 이 모든 것을 함께 기록하는 방식—그러므로 동일

21　1944년 8월 21일. Ibid., p. 529.

22　Cf. Hannes Heer (dir.), *Im herzen der Finsternis. Victor Klemperer als Chronist der NS-Zeit*, Berlin, Aufbau Verlag, 1997.

23　1939년 8월 29일. Victor Klemperer, *Journal 1933-1941*, op. cit., p. 462.

한 상황의 다른 측면들이 함께 현존하기에 나타나는 몽타주의 중 요한 가치를 강조하는 방식—이 그의 내면에 있는 정신분석가를, 아니면 적어도 '징후의 청취자'를 드러낸다고 말할 수도 있다. 예 컨대, 1944년의 어느 날, 그는 유덴하우스에서 한 명의 동료와 토 론한다. 동료는 그에게 그들 주변에서 실재적으로 벌어지는 일, 말하자면 군사적으로 벌어지는 일에 대해 아무것도 알지 못한다 고 비난한다. 클렘페러는 자신의 '미세학적' 관점을 제시할 뿐만 아니라 또한 상대방에게 그의 내면에서 벌어지는 일이 바로 자신 의 연구 대상임을 증명하면서 대답한다. "슈틸러 어르신과의 토 론. '저는 증언하고 싶어요.—당신이 쓴 모든 것이 잘 알려진 것 이고, 키이우, 민스크 등 커다란 것들에 대해선 당신은 알지 못하 오.—중요한 것은 커다란 것들이 아니라 금세 잊게 될 그날그날의 독재입니다. 머리를 한 대 맞는 것보다 모기에게 천 번 물리는 것 이 더 나쁜 겁니다. 저는 모기가 무는 것을 관찰하고 기록합니다.' 이윽고 슈틸러 왈. '나는 무언가에 대한 공포가 사태 자체보다 언 제나 더 나쁘다고 어딘가에서 읽었소. 가택 수색을 앞둔 불안은 엄청났소. 게슈타포가 왔을 때는 난 냉정했고 단호했소. 끝난 후 에는 너무나 맛있게 식사했다오! 우리가 숨겨두고 그들이 찾지 못한 모든 좋은 것들.—아시겠나요, 바로 그게 제가 기록하는 것 입니다!'"24

문헌학자, 기술자, 연대기 작가 또는 정신분석가인 빅 토르 클렘페러는 그의 의향과 상관없이 이야기꾼의 기예를 떠맡 았다. 발터 벤야민이 그것의 윤리적 기능을 매우 훌륭하게 논한

24 1944년 4월 8일. Id., *Journal 1942-1945*, op. cit., p. 471.

바 있다. 사실상 이 기예는 "입에서 입으로 전달되는 경험"에 뿌리를 두며, 겸허하게도 "실제적인 문제들"로 주저 없이 들어가고, "삶의 피륙 자체 속으로 직조되어" 그렇게 "진리의 서사시적 측면, 즉 지혜"를 구축하고, 사실적인 "정보"나 영웅적인 "소설"과는 전혀 다른 것을 제공하며, 길고 긴 심리학적 논평보다 정신에 관해 훨씬 많은 것을 말해주는 "절제하는 간결함"으로 호소하고, 자신의 "발아 능력", 말하자면 설사 보이지 않는 상태나 들리지 않는 상태라 하더라도 언젠가 개화할 수 있는 역량의 가치를 지니며, 따라서 어떤 기억을 제작해 내는데, 이는 벤야민이 "죽어가는 자의 권위"라고 부른 것, 즉 클렘페러가 (파기의 위협에 처한 일기의, 죽음의 위협에 처한 저자로서) 누차 겪어야 했던 상태로부터 비롯된다.[25]

벤야민은 그의 에세이를 끝맺으며 "이야기꾼은 그 안에서 의인(義人)이 자기 자신과 마주치는 인물"이라고 주장했다.[26] 빅토르 클렘페러가 그런 인물이었다. 그는 아무리 사소하거나 아무리 끔찍하더라도 어떤 사건에 대해 설명할 때마다 올바름(justesse)과 의로움(justice)에 신경을 썼다. 벤야민이 이야기꾼의 기예에 대한 인식론과 시학을 구성하던 그 시기에, 결국 클렘페러는 최대한의 엄밀함으로 하나하나 기술된 천 가지 작은 사물들의 몽타주에 근거한 그 기예를 실천했던 셈이다. 이를테면 그

25 발터 벤야민, 「이야기꾼. 니콜라이 레스코프의
    작품에 관한 고찰」(1936), 최성만 옮김, 『서사(敍事),
    기억, 비평의 자리』, 서울: 도서출판 길, 2012, 418,
    421-426, 428-429, 434쪽.
26 위의 글, 460쪽.

는 『일기』의 앞부분에 다음과 같이 기록했다. "장난감 가게 속, 아이를 위한 공에 박힌 하켄크로이츠."[27] 겨우 장난감 가게 속의 아이를 위한 공 하나? 사실상 아주 작은 사물이다. 예컨대, 이 시대의 정치적이고 인간적인 비극의 모든 범위를 단번에 표현하려 했다면 말이다. 그러므로 재빨리 포착된 이 이미지는, 그것이 기입된 역사적 현상에 비하면 미세한 데다가 터무니없는 것으로 보인다. 하지만 그래도 클렘페러에게는 이 이미지가 모든 상황의 결정체─무수한 결정체 중 하나─를 표상했던 것이다.

아이를 위한 이 공은 클렘페러가 증언하는 실제적 사실이다. 그가 보았기 때문이다. 이 공은 어떤 제조업자가 실제로 현 정권을 위해 이 욕지기나는 정치적 장난감을 생산하기로 결심했음을 전제한다. 이것은 언어적 사실이다. 하켄크로이츠가 독일어 교본의 모든 글자들 위에 놓일 글자로서 기호들 중의 기호가 된다는 점에서 그렇다. 이것은 정서적 사실이다. 아이들이 이걸 갖고 놀며 기쁨을 느낄 것이고, 그동안 클렘페러는 "무섭다!"라는 단순한 논평을 적으며 그가 겪은 몸서리를 요약한다는 의미에서 그렇다.[28] 이보다 나중의 『일기』에서 그는 히틀러 유겐트의 고적대 행진을 목격하면서 다음과 같이 자문한다. "이 아이들의 머리에서 나치의 모든 오물을 제거하려면 얼마만큼의 시간이 필요할 것인가?"[29] 그러므로 클렘페러는 궁지에서 벗어나기는커녕 세계대전의 군사적 추이에 대해 그 어떤 실질적인 전망도 없었지만

27 1933년 3월 30일. Victor Klemperer, *Journal 1933-1941*, op. cit., p. 29.

28 Ibid.

29 1944년 1월 30일. Id., *Journal 1942-1945*, op. cit., p. 450.

이미 미래를 걱정한다. 이처럼 그의 이야기는 서술된 현재에 만족하기는커녕 끊임없이 미래를, 생성을, 역사의 방향을 걱정한다. 따라서 그것은 온전히 시간의 사실에 대한 이야기가 된다.

　　물론 『일기』는 오늘날엔 지나간 것들을 이야기한다. 그렇지만 그것들을 넘어서기가 얼마나 어려운지—그리고 『일기』를 읽는 우리에게 되돌아오는지—보여주는 방식으로 이야기한다. 사실 그것들은 결코 넘어설 수 없다. 또는 결코 완전히 넘어설 수 없다. 악(惡)도 역시 잔존한다. 우리는 악의 회귀와 맞서 싸우기 위한 모든 가능한 수단들을 찾지 않을 수 없고, 심지어 찾아야만 한다. 클렘페러는 다음과 같이 쓰면서 이를 매우 잘 표현한다. "전통적인 유대인에게는 부정한(trefe) 그릇들을 땅에 묻어서 정화시키는 관습이 있다. 같은 방식으로, 지도자(Führer)라는 단어를 오랫동안 땅에 묻어야 새롭게 사용할 수 있으리라."[30] 클렘페러는 『LTI』에서도 동일한 주제를 다시 다루는데, 자주 그러듯이 무척 체념적으로 보인다. "그런데 제3제국어는 무수한 특징적인 표현들에서 잔존할(überleben) 듯싶다. 그 표현들은 너무나 깊이 각인되어 독일어의 영구적인 획득물이 된 것으로 보인다."[31] 이는 동독에서, 충만한 스탈린 시기에, 즉 독일의 기억 일반이 유럽 유대인 말살에 유난히 둔감했던 때에 쓰인 글이다.[32]

30　1934년 7월 14일. Id., *Journal 1933-1941*, op. cit., p. 129.
31　Id., *LTI, la langue du IIIe Reich*. op. cit., p. 37.
32　Cf. Enzo Traverso, *Les Juifs et l'Allemagne. De la 'symbiose judéo-allemande' à la mémoire d'Auschwitz*, Paris, La Découverte, 1992, p. 174-178; Paola Traverso, "'Klemperer, c'est nous !' Sur la réception allemande des journaux de Klemperer," trad. G. Lombardi,

그러므로 클렘페러의 『일기』가 이야기하는 것은, 거기에 기록된 사실들의 일상성을 훨씬 넘어선다. 『일기』의 지혜로운—의인의 성품인 올바른—교훈은, 오히려 그것의 이야기가 우리에게 자원이 된다는 사실에 있다. 내가 의미하는 바는, 그 이야기가 단지 전체주의를 이해하기 위한 역사적, 문헌학적, 인류학적 자원뿐만 아니라 또한 우리 자신이 하지만 없는 감정의 덫에 빠지지 않기 위한 정서적 자원도 제공한다는 것이다. 이런 의미에서 클렘페러는 체험된 정서의 모든 뉘앙스들, 일어난 사실의 모든 세부들, 발언된 단어의 모든 변이들의 둘도 없는 증인이었다. 그러므로 감성적 증인이었다. 앞서 그는 레오 스트라우스가 말한 "행간의 글쓰기 기예"로 박해에 대응하기를 선택하지 않았다.33 클렘페러가 책략을 부렸다고 한다면, 확실히 그것은 그가 거의 종교적으로 진실의 기관이라고 여겼던 언어를 가지고 한 것이 아니었다. 그는 언어의 양의성이 아니라 은밀성을 가지고 책략을 부렸다. 그의 언어는 엄밀하고, 직접적이며, 솔직하고, 놀라운 것이다. 그의 언어를 읽으면서 우리는 언어의 역량 안으로 진실의 정서적 역량이 들어감을 재발견한다. 같은 시기에 『바르샤바 게토의 일기』를 쓴 에마누엘 린겔블룸과 마찬가지로,34 빅토르 클렘페러

Revue des sciences sociales, n. 40, 2008, p. 196-207.

33 Leo Strauss, *La Persécution et l'art d'écrire* (1952), trad. O. Sedeyn, Paris-Tel Aviv, Éditions de l'éclat, 2003 (rééd. Paris, Gallimard, 2009); Cf. Frédéric Joly, *La Langue confisquée. Lire Victor Klemperer aujourd'hui*, op. cit., p. 9-10.

34 Emanuel Ringelblum, *Oneg Shabbat. Journal du ghetto de Varsovie* (1939-1942), trad. N. Weinstock et I. Rozenbaumas, Paris, Galmann-Lévy, 2017.

는 전체주의 담론의 거짓에 맞서, 탄압받는 삶에 맞서, 정치적 독재에 맞서 그의 감성적 글쓰기를 내세웠다… 모진 풍파에 맞서. 언제나 언어는 우리에게 되돌아오고, 언제나 정서들도 마찬가지다. 우리는 매 순간마다 그것을 잘 사용해야만 한다. 언어와 정서들이 우리를 이끄는 나눔 자체로부터.

(2021년 2월 26일)

옮긴이 해제
감정의 증언, 징후의 몽타주[1]

1. 들어가며

조르주 디디-위베르만은 '이미지' 개념에 천착한 철학자이자 미술사학자로 널리 알려져 있다. 이런 세간의 규정은 틀리지 않은데, 한국에 번역 출간된 디디-위베르만의 저작들의 면면이 이를 뒷받침한다.[2] 피에르 파올로 파졸리니나 라슬로 네메시의 영화

[1] 이 글은 옮긴이의 다음 논문을 해제의 형식에
   맞게 수정, 보완한 것이다. 김홍기, 「역사의
   감정을 증언하기: 조르주 디디-위베르만의 논의를
   중심으로」, 『철학연구』 제148집, 2025년 봄.
[2] 2025년 현재까지 조르주 디디-위베르만의 저작
   일곱 권이 한국어로 번역 출간되었다. 출간된
   순서에 따른 목록은 다음과 같다. 『반딧불의 잔존』,
   『어둠에서 벗어나기』, 『모든 것을 무릅쓴 이미지들』,
   『색채 속을 걷는 사람』, 『잔존하는 이미지』,

이미지, 나치수용소의 사진 이미지, 아비 바르부르크의 도상해석학, 민중과 이미지의 관계, 제임스 터렐의 작품론 등 각각의 저작이 다루는 소재나 내용은 조금씩 달랐지만, 이 모든 저작을 관통하는 가장 중심적인 개념은 의심할 나위 없이 이미지였다. 이것은 디디-위베르만이 출간한 60여 권의 저작 중에서 한국어로 번역된 소수의 저작들에만 국한된 얘기가 아니다. 그의 이론에 관한 연구서 중 2011년 프랑스에서 출간된 『이미지들 앞에서』와 2020년 영국에서 출간된 『디디-위베르만과 이미지』를 보면, 두 권의 연구서 모두 이미지 개념을 전면에 내세워 이 철학자의 시각예술론, 이미지의 시간성, 이미지의 정치학 등에 대한 해명을 시도한다.[3] 일반적인 시각문화 연구의 맥락에서도 디디-위베르만은 발터 벤야민, 아비 바르부르크, 조르주 바타유 등의 몽타주 이론을 참조하여 "이미지의 복합적이고 복수적인 시간성"을 해석한 이론가로 소개되어 있다.[4]

　　그런데 『끝까지 증언하는 사람』은 나치 체제하에서 고초를 겪은 유대계 독일인 문헌학자 빅토르 클렘페러가 위험을 무릅쓰고 남긴 일기를 분석하며, 전체주의의 실제적 독재에 동반되는 정서적 독재를 밝혀낸다. 여기서 그는 사진이나 영화 같은 시

　　『민중들의 이미지』, 『가스 냄새를 감지하다』.

3　Cf. Thierry Davila et Pierre Sauvanet (éd.), *Devant les images. Penser l'art et l'histoire avec Georges Didi-Huberman*, Dijon, Les presses du réel, 2011; Chari Larsson, *Didi-Huberman and the image*, Manchester, Manchester University Press, 2020.

4　Andrea Pinotti, Antonio Somaini, *Culture visuelle. Images, regards, médias, dispositifs*, trad. par Sophie Burdet, Dijon, Les presses du réel, 2022, p. 125.

각적 이미지가 아니라 문헌학자의 일기라는 언어적 텍스트를 들여다보며, 전체주의 언어의 배제적 성질, 그 언어가 표현하는 단순하고 극단적인 정서, 그럼에도 불구하고 공통의 나눔을 희망하는 저항의 글쓰기, 역사의 사실뿐만 아니라 감정을 증언하기 등을 주장한다. 이미지가 아니라 언어로부터 감정에 대한 사유를 개진하는 디디-위베르만의 이런 변화를 어떻게 이해할 것인가? 이미지론과 전혀 다른 영역에서 수행된 별도의 연구로 간주해야 할 것인가? 아니면 일관된 문제의식에서 비롯된 관심의 확장인 것인가? 이런 물음에 답하기 위해서는 먼저 디디-위베르만의 고유한 언어론이 어떤 것인지 파악해야 한다. 우리는 그가 이 책에서 감정을 어떻게 정의하는지, 또한 감정을 표현하는 매체인 언어를 어떻게 정의하는지 살펴보고, 나치 체제하에서 민중이 겪어야 했던 언어와 감정의 독재가 무엇이었는지 밝히고자 한다. 나아가 이런 정서적 곤경 속에서 역사의 사실뿐만 아니라 감정까지 증언한다는 것이 무엇을 의미하는지 논하고자 한다. 이로써 디디-위베르만이 새롭게 제기한 언어론이 그가 앞서 구축한 이미지론과 어떤 관계를 맺고 있는지가 분명해질 것이다.

2. 감정이란 무엇인가

감정이란 무엇인가? 디디-위베르만은 이 책의 서두에서 다음과 같은 말로 감정을 서술한다.

> 감정들이 우리를 나눈다. 아마도 바로 이것—
> 감정들, 나눔—이 우리가 그토록 자주 타인과

나누고 싶어 하는 것이리라. 어떤 감정이 차올라
표현되고 폭발할 때, 그 감정은 먼저 무슨
일을 하는가? '자아'의 단일성을 분열시키는
일이다. 자아의 모습을 조각내고 영혼과 신체의
온전한 체제를 깨뜨리는 일이다. 모든 것의
짜임새가—자기 안으로든, 자기 밖으로든—
이쪽에서 저쪽까지 뒤흔들리게 된다. 그것은
미미할 수도 있고(단순한 균형의 흔들림),
과도할 수도 있다(거대한 미지의 분출). 감정은
세계의 조직에 뉘앙스나 주름을 가할 수 있다.
즉, 그 조직을 일시적으로 구기거나 영구적으로
찢을 수 있다. 거의 알아챌 수 없는 모래알을
덧붙이거나 환경 전체를 총체적으로 붕괴시킬
수 있는 것이다.(7쪽)

그에게 감정이란 무엇보다도 어떤 분열(clivage), 어떤 나눔(part-age)과 관계된다. 부끄러움이든 두려움이든 즐거움이든 간에 어떤 감정이 솟아난다는 것은 자아가 분열을 겪게 된다는 것과 같다. 왜냐하면 어떤 감정이든 단일하고 단순한 방식으로 생성되지 않기 때문이다. 누군가에 대한 경멸은 그에 대한 다소의 연민을 수반하기 마련이다. 외설적인 즐거움은 어김없이 약간의 부끄러움을 동반한다. 누군가를 우러러보는 마음의 깊은 곳에는 그를 질투하는 마음도 역시 깃들게 된다. 이처럼 감정은 온전히 단일한 감정으로 환원되지 않고 언제나 복합적인 성격을 띤다. 감정을 표현하기 위해 취하는 제스처는 단일한 것일 수 있겠으나 그 배후에는 다른 "뉘앙스나 주름"이 함께 존재한다. 우리가 감정을 품게 되는 것은 우리 안에 복합적인 요소가 자리 잡게 되는 일이다. 따라서 더 이상 자아는 견고한 단일성을 주장할 수 없다. 이런 의미에서 감정은 자아의 단일성을 분열시킨다. 디디-위베르만은 이 분열의 양상에 대해서 "감정들의 즉각적인 사건(événement)이 거의 언제나 복합적이고 심층적인 징후(symptôme)로 이중화"된다고 말한다.(7-8쪽) 사건이 우리의 제스처로 표현되는 감정의 표층적 차원이라면, 징후는 그 심층으로 물러서 있는 복합적인 뉘앙스다. 디디-위베르만은 어떤 분노의 상황을 예로 든다. 이 감정은 누군가가 어느 순간 도저히 참지 못하고 탁자를 주먹으로 내리치는 제스처인 것만은 아니다. 이런 단순한 제스처뿐만 아니라 분노는 또한 이에 관련된 모든 심리적 변이들을 전제하며, 그 바탕 위에서 저 갑작스러운 제스처가 돌발하는 것이다.

　　　　사건과 징후, 신체적 제스처와 심리적 변이의 이중화가 감정을 정의하는 것이라면, 우리는 언어와 관련해서도 동일한 분열을 가정해야 한다. 감정은 실제의 차원에서 즉각적인 몸짓을 통해 등장하며, 상징계의 차원에서 언어적인 표현을 통해 등장한다. 겉으로 드러나는 감정적 몸짓의 배후로 많은 것들이 물러나서—그럼에도 불구하고—존재하고 있듯이, 밖으로 내뱉어진 감정의 언어는 발화되지 않은 모든 것, 그 언어의 모든 뉘앙스를 내포하고 있다. 어쩌면 감정을 가장 적확하게 드러내는 언어는 직설법의 문장이 아니라 반어법이나 곡언법의 문장일는지도 모른다. 감정에 관련된 수많은 문학에서 이런 수사법이 빈번히 사용되는 것은 우연이 아닐 것이다. 또한 시간적인 측면에서 말하자면 사건은 즉각적인 것, 즉 우리가 매개 없이 바로 지금 식별할 수 있는 현재의 시간에 속하는 반면, 징후는 그 감정적인 제스처의 사건이 등장하기 전부터 등장한 이후까지 이어지는 지속의 시간에 해당한다. 이를테면 어떤 주체가 겪는 곤경의 감정은 현재적인 사건일 뿐만 아니라 더욱 중요하게는 그 바탕에서 흘러왔고 흘러갈 지속 전체와 함께 존재하는 것이다. 그러므로 감정을 사건으로만 환원시키지 않고 징후로서 이해한다는 것은, 주체와 역사의 상호작용 속에서 시간을 사유한다는 것을 의미한다. 이런 시간은 일방향적인 연대기의 시간, 즉 나타나자마자 사라지게 되는 현재적 순간들의 총합이 아니라, 연대기의 시간을 횡단하는 또 다른 시간, 징후적 시간, 사후성의 시간, 디디-위베르만의 표현에 따르면 "시대착오"(anachronisme)의 시간이다.5

이렇듯 감정은 언제나 둘 이상의 감정으로 존재하며, 이와 연관된 언어는 언제나 둘 이상의 의미를 지니고, 이 복수적인 존재들은 순간과 지속을 가로지르는 이질적인 시간성을 띤다. 아마도 이런 복합적인 감정—그리고 언어와 시간성—을 가장 효과적으로 가리키는 단어는 하지만일 것이다. '하지만'이라는 접속사는 서로 일치하지 않거나 상반되는 사실을 나타내는 두 문장을

5   디디-위베르만은 실증주의 미술사가 채택한
    연대기적 역사 서술에 반대하며 이미지의
    '시대착오적' 성격, 즉 다양한 기억의 층위를
    횡단하며 이질적인 시간들을 몽타주하는 시간
    모델을 제안하는데, 이때 그가 이런 역설적인
    시간관을 설명하기 위해 내세운 개념이 징후이다.
    Cf. Georges Didi-Huberman, *Devant le temps.*
    Histoire de l'art et anachronisme des images, Paris,
    Éditions de Minuit, 2000, p. 39-49.

잇는다. 이 접속사는 얼핏 서로 모순되어 보이는 둘 이상의 감정이 함께 존재하는 '정서적 사실'(fait d'affect)을 기술하기 위해 필수적으로 요청된다. "우리는 누군가를 비난한다. 하지만 은밀하게 그에게 감탄한다. 우리는 그에게 감탄한다. 하지만 말해지지 않은 경쟁심과 공격성의 스펙트럼이 드러난다. 우리는 과감하게 즐거움을 누린다. 하지만 몹시 두려워한다. 우리는 겁을 집어먹는다. 하지만 뻔뻔하게 도발한다. 우리는 부끄러워 낯을 붉힌다. 하지만 관능의 몸짓을 꾸민다. 우리는 절망한다. 하지만 끈질기게 욕망의 노선을 따른다."(8쪽) 비난도, 감탄도, 두려움도, 부끄러움도 결코 그 자체로 견고하게 존재하지 않으며, 각자 상반된 감정을 깊은 곳에 간직하고 있다. 절망의 어둠이 아무리 짙더라도 그 안에는 욕망의 약한 빛이 숨어 있다. 이렇게 감정은 이중화, 또는 다중화되어 있으며, 이와 같은 표층적 사건과 심층적 징후의 접속 관계는 '하지만'이라는 언어로 적확하게 표현될 수 있다.

3. 나눔: 감정의 고유한 분열

감정의 이런 복합성이 우리를 분열시킨다. 이때 분열의 경험은 두 가지 측면에서 이해되어야 한다. 첫 번째는 자기 안에서의 분열이다. 위에서 이미 언급한 자아의 단일성이 분열되는 경험이 바로 그것이다. 자아 안에 복합적인 감정이 동시에 들어선다는 것은 자아의 정체성이 결코 단순하지 않고 견고하지 않다는 사실을 방증한다. 즉, 감정은 자아의 동일성 내에 언제나 다소의 타자성(altérité)이 공존하고 있다는 역설적인 상황을 만들어낸다. 자아의 동일성은 충분히 견고하기는커녕 매우 취약하여 감정이 차오를 때마다 타자성이 틈입한다. 그리고 단순하기는커녕 이질적인 감정이 공존하는 복합성을 띤다. 하지만 감정의 분열은 이와 같은 내적 심리의 수준에 그치지 않는다. 감정이 우리를 분열시키는 두 번째 측면은 자기 밖으로의 분열이다. 디디-위베르만은 "감정이 우리를 분열시킬 때 우리를 우리 자신으로부터 끄집어내어 타인에게 향하게 한다"고 말한다.(10쪽) 감정을 통해 자기 안에서 발견하게 되는 타자성은 자기 밖으로 분열되어 실제의 타인으로까지 가닿는다. 이와 같이 내적 심리의 분열은 상호주관적 분열로 이어진다. 우리 안의 타자성과의 만남은 우리 밖의 타자와의 만남과 동시에 일어난다. 감정은 우리가 단일하고 견고하다고 가정된 동일성 속에 스스로 고립되려 할 때마다 '하지만'을 상기시킴으로써 자기 안의 분열과 자기 밖의 분열을 이끌어낸다.

정서적 사실의 이 이중적 분열을 동시에 지칭할 수 있는 개념이 '나눔'(partage)이다. '나눔'이란 분리하는 행위와 공유하는 행위를 모두 가리키기 때문이다. 감정은 우리를 나누고(분리하고), 우리를 나눈다(공유한다). "나눔(partage)이라는 단어의 역량이 여기서 구성상의 분리(따로의 몫[part])와 필연적인 공유(함께의 몫[part])를 결합시킨다. 그러므로 내부에서 우리를 나누는 것은 우리를 밖으로 움직여 타자를 향하게 하고, 우리를 함께 움직여 타인과 같이하게 한다."(10쪽) 결국 감정이 우리를 분리시켜서 자아의 밖으로 내보내는 것은 타자와 무언가 공동의 것을 나누기 위한 전제가 된다. 디디-위베르만에게 감정이란 그저 자아심리학에 관련되는 것이 아니라 공동체의 논의를 위한 근본적인 전제인 것이다.

여기서 그가 상기시키는 나눔의 이중적 의미는 특히

자크 랑시에르와 장-뤽 낭시에게 빚진 것이다.[6] 먼저, 디디-위베르만은 "장-뤽 낭시의 모든 철학적 연구가 사실상 이 나누기(mise en partage)에 대한 끈질긴 질문으로 상통하는 것으로 보인다"고 말한다.[7] 낭시의 공동체론은 인간 존재의 '내재성'을 부정하는 데에서 시작된다.[8] 즉, 인간 존재는 내재적으로 완결된 견고하고 단일한 존재가 아니라 유한하고 취약한 존재이며, 그런 까닭에 언제나 "단수이자 복수인 존재"(être singulier pluriel)인 것이다.[9] 이와 같이 내부에서 이미 분리되고 공유되는, 즉 나눔을 겪는 역설적인 인간 존재는 홀로 있을 때조차 현전(présence)이 아니라 공동현전(coprésence)하는 탈자적 존재(être extatique)이며, 이것이 타자로의 개방으로 이어져 공동체와 소통의 근거가 된다. 다른 한편, 랑시에르는 『감각계의 나눔』에서 나눔과 관련하여 다음과 같이 말한다. "나는 어떤 공통의 존재 및 거기서 각자의 자리와 몫을 정의하는 단면들을 동시에 보여주는 감각적 명증성의 체계를 감각계의 나눔이라고 부른다. 그러므로 감각계의 나눔은 나눠진

6   조르주 디디-위베르만, 『민중들의 이미지: 노출된
      민중들, 형상화하는 민중들』(2012), 여문주 옮김,
      서울: 현실문화연구, 2023, 132–143쪽 참조.

7   위의 책, 133쪽, 번역 일부 수정. 이후 이 글의 각주에
      나오는 인용의 일부 한국어판 번역은 원문을 바탕으로
      수정했다.

8   "바로 인간에 대한 인간의 내재성이, 또는 탁월한
      내재적 존재라고 절대적으로 간주되는 인간이
      공동체를 사유하는 데 걸림돌이 된다." Jean-Luc
      Nancy, *La Communauté désœuvrée*, Paris, Christian
      Bourgois, 1986 (éd. revue et augmentée, 1990), p. 15

9   Cf. id., *Être singulier pluriel*, Paris, Galilée, 1996.

공통과 배타적인 몫들을 동시에 확정시킨다."[10] 여기서 랑시에르는 나눔이라는 단어를 정확히 공유("공통의 존재")와 분리("배타적인 몫들")의 이중적 의미로 사용한다. 그는 감각계가 공유되고 분배되는 와중에 공동체 안에서 발생하는 "몫 없는 자들의 몫"을 사유하며, 정치와 미학이 겹치는 영역을 집요하게 파고든다. 디디-위베르만은 이 두 철학자의 논의를 이어받아, 낭시가 존재론적으로 개진한 나눔에 대한 사유와 랑시에르가 감성론적 측면에서 일궈낸 나눔에 대한 사유를 감정에 대한 논의로 확장시킨다.

4. 전체주의의 언어: 정서의 독재

감정들이 우리를 나눈다. 즉 감정들은 우리를 안에서 분열시킬 뿐만 아니라 또한 밖으로 분열시켜 자기 안의 타자성 및 자기 밖의 타인과 만나게 한다. 이 이중적인 나눔을 고지하는 언어적 표현이 '하지만'이다. 명시적으로든 암묵적으로든 '하지만'이 개입되지 않는 발화는 둘 이상이 모여서 이루어지는 순간에도 진정한 의미의 대화가 아니다. 그것은 단지 수적으로 여럿이 모여서 만들어내는 독백의 목소리다. 누군가가 '하지만'으로 시작되는 문장을 발화한다는 것은 그가 먼저 타자의 이야기를 듣고 있었음을 전제한다. 그리고 이 '하지만'을 통해 앞선 내용과는 다른 또 다른 목소리가 시작됨을 알리는 것이다. 그러므로 '하지만'이야말로 진정한 대화의 시작을 알리는 신호이다. 물론 이 대화가 반드시 실제적인

10 Jacques Rancière, *Le Partage du sensible. Esthétique et politique*, Paris, La Fabrique, 2000, p. 12.

타인을 필요로 하는 것은 아니다. '하지만'으로 시작되는 또 다른 목소리는 타인과의 만남에서 이루어지는 만큼이나 내적으로 분열된 나 자신과의 대면에서도 가능한 것이기 때문이다.

그러나 이런 나눔의 언어, '하지만'의 언어가 언제나 가능한 것은 아니다. 디디-위베르만이 주목하는 역사적 시기는 이 '하지만'을 거부하는 태도, 대화를 차단하는 태도, 정서의 취약성과 복합성을 부정하는 태도, 감정의 역설적이고 변증법적인 특성을 배제하는 태도가 지배하는 시기이다. 그 가장 대표적인 사례 중 하나가 나치 독재의 전체주의 시기이다. 앞선 저작들에서 디디-위베르만이 이 시기의 나치의 탄압 및 그에 맞선 민중의 저항과 관련해서 주요한 분석의 대상으로 삼은 것은 이미지들이었다. 아우슈비츠-비르케나우 강제수용소의 존더코만도가 남긴 고작 넉 장의 사진 이미지, 바르샤바 게토에서 촬영된 사진 이미지들이 그것이다.[11] 반면, 『끝까지 증언하는 사람』에서 그는 이미지가 아니라 전체주의의 언어 및 언어를 통해 드러나는 정서의 문제에 주목한다. 그의 문제의식은 실제의 독재가 언제나 정서의 독재를 수반한다는 것이며, 이 후자의 독재는 언어의 특정한 용법에 의해서 드러난다는 것이다. 이런 측면에서 그가 분석의 대상으로

11 Cf. Georges Didi-Huberman, *Images malgré tout*, Paris, Éditions de Minuit, 2004. 한국어판은 『모든 것을 무릅쓴 이미지들』, 오윤성 옮김, 대전: 레베카, 2017; Id., *Sortir du noir*, Paris, Éditions de Minuit, 2015. 한국어판은 『어둠에서 벗어나기』, 이나라 옮김, 서울: 만일, 2016; Id., *Éparses. Voyages dans les papiers du Ghetto de Varsovie*, Paris, Éditions de Minuit, 2020.

삼는 것이 유대계 독일인 문헌학자 빅토르 클렘페러의 일기이다. 1933년부터 1945년까지 나치가 집권한 시기 내내 드레스덴에서 클렘페러가 비밀리에 작성한 일기는 문헌학자의 기록답게 어떻게 전체주의가 개개인의 내밀한 영역에 각인되어 일상적인 언어에까지 스며들었는지 보여준다. 따라서 이 문서는 디디-위베르만이 전체주의의 실제적 탄압뿐만 아니라 특히 언어적, 정서적 탄압을 파악하기 위한 중요한 증언이 된다.

전체주의 체제의 정서의 독재를 드러내는 언어의 특정한 용법은 "하지만 없음"으로 요약될 수 있다.(13쪽) '하지만'을 불허한다는 것은 감정의 고유한 분열을 부정하는 것이다. 겉으로 드러난 감정의 '사건'을 절대화하여 그것과 공존하는 타자성의 '징후'를 차단하는 것이다. 여기서 우리의 정서가 지닌 유연하고 복합적이고 변증법적인 성질은 그 깊이를 잃고 납작해져서 단일하고 단순하고 단단한, 타자가 배제된 파벌의 강령이 된다. 자기 확신으로 가득 찬 감정은 오로지 권력(pouvoir)을 추구할 뿐 심층의 역량(puissance)을 상실한다. 감정의 어떠한 망설임도 어떠한 뉘앙스도 용납될 수 없는 것이다. "하지만 없는 정서는 모든 타자성으로부터 맹렬하게 삭제되고 격리된다. […] 이것은 배제와 감정의 순수한 쟁투로 이루어진 정서이다. 이것은 감정과 감정 간의 대화—청취—일 수 있는 것의 모든 가능성을 차단한다. 그러기 위해서 이 정서는 고유한 표현과 고유한 의미를 최대한 단순화하고, 저것에 대해 아무것도 알려고 하지 않을 이것에 관한 모든 언어를 고정시켜야 한다."(11쪽) 요컨대, 감정의 '하지만'을 거부하는 태도는 감정의 분열을 안과 밖으로의 나눔(partage)으로, 즉 자기 밖의 타인뿐만 아니라 자기 안의 타자와도 만나고 대화하는 행위의 개시로 사유하지 않는다. 오히려 그 분열을 안과 밖의 모든 출입이 차단된 절대적인 격리(disjonction)로 치환하고, 차이를 적대로, 상호 관계를 배제 논리로 이해한다. 정서의 독재 속에서 감정의 고유한 역량인 나눔은 부정되고 오로지 격리된 감정의 권력만이 남는다.

클렘페러의 일기는 나치의 실제적 독재뿐만 아니라 정서의 독재를 증언한다. 언어에 민감한 문헌학자로서 클렘페러는 정서적 독재의 격리된 감정이 어떻게 전체주의의 언어에 반영되는지 주목한다. 그가 소환한 수많은 예시들에서 우리는 나치즘의 언어가 지닌 두 가지 근본적인 특징을 발견할 수 있다. 하나는 그 언어의 "내재적 빈곤"이며, 다른 하나는 역설적이게도 그 언어가 "과장"으로 이루어져 있다는 사실이다.(35-41쪽) 전체주의 언어의 빈곤을 노출하는 예시로는 인간의 사물화, 비분리전철 ent를 온갖 단어에 붙이는 습관, 약자나 줄임말이 판치는 현상을 들 수 있다. 두 번째 특징의 예시로는 먼저 최상급의 과도한 사용, 또한 그냥 공세가 아니라 대공세(Grossoffensive), 그냥 역사가 아니라 세계사(Weltgeschichte) 등의 과장된 어휘가 선호되는 것을 들 수 있다. 결국 빈곤과 과장이라는 이 극단적인 언어의 용법은 상상력이 발휘될 여지를 차단한다. '하지만'이라고 이의를 제기할 틈새, 왜냐고 반문할 수 있는 조건을 봉쇄시켜 버리는 것이다. 이로써 전체주의 언어가 배반하는 것은 "감정들의 진실"이다. "전체주의 언어는 감정들을 '사물화'한다. 감정들을 날조하고, 감정들을 그것들 자체로부터 격리시키고, 배제에 종속시킨다."(40쪽)

5. 끝까지 증언하기

클렘페러는 1942년 6월 11일 자 일기에서 나치 경찰에게 겪은 수모를 서술하며 다음과 같이 끝맺는다. "오늘 하루 종일 나는 매우 상심했다. 점점 거세지는 죽음의 위험, 옥죄어 오는 압박감, 잔혹한 불안감이 무겁게 압박을 가했다. 지금, 저녁 무렵이 되자 나는 조금 진정이 되었다. [⋯] 나는 [⋯] 기필코 일기를 써나갈 것이다. 나는 끝까지 증언하기를 원한다."[12] 우리는 이 "끝까지 증언하기"에 대한 결심을 어떻게 이해해야 하는가? 먼저, 그가 생을 다할 때까지 증언하기를 그치지 않을 것이라는 다짐일 것이다. 또한, 나치가 전체주의의 언어를 구사하며 유대인 주민들에게 가한 탄압을 있는 그대로 기록하려는 각오일 것이다. 그러나 무엇보다도 이 결심은 역사적 사실을 초연하게 관찰하는 증인에 그치지 않고 그 증오 어린 탄압 속에서 몸소 겪는 지옥 같은 나날까지 이야기하겠다는 선언일 것이다. 디디-위베르만에 따르면, 끝까지 증언하기란 "증언하는 대상에 거침없이 자기 자신을 포함하는 것이다. 그러므로 그것은 자기의 감정들을 증언하기이다. [⋯] 따라서 클렘페러가 떠맡은 증언의 윤리[⋯]에는 어떤 감정들의 진실을 의연하게 드러내리라는 결단이 존재한다."(67-68쪽)

끝까지 증언하는 사람은 자신이 처한 역사적 상황에 직면하여 구체적 현실에서 겪는 실제적 사실과 공적인 공간에서 교환되는 언어적 사실을 증언하기에 그치지 않고 자기 자신의 정서적 사실까지 증언하는 사람이다. 이때 그가 증언하기로 결심한

12   Victor Klemperer, *Journal 1942-1945*, op. cit., p. 119.

감정의 정체는 무엇인가? 빈곤하고도 과장된 전체주의의 언어가 부과하는 격리된 감정, 어떠한 망설임이나 뉘앙스도 없이 타자를 배제하고 스스로 고립되는 감정인 것일까? 물론 이와 같이 정서적 독재하에서 권력을 얻은 나치 언어의 파토스도 역시 클렘페러가 '편집증적' 감정으로서 주목하는 증언의 대상이다. 그러나 무엇보다도 그가 끝까지 증언하고자 하는 자기 자신의 감정은, 도처에서 그를 짓누르는 전체주의의 격리된 감정들에도 불구하고 그것들의 뒤편에 물러서서 존재하는 감정, 즉각적인 감정의 '사건'에도 불구하고 어김없이 이에 동반되는 복합적이고 심층적인 감정의 '징후'이다. 이것이 바로 감정들의 진실이다. 그는 집요하게 자기 자신의 복합적인 감정들을 일기에 기록한다. 기대, 희망, 체념, 욕망 등이 뒤섞이고 분열되어 있는 감정이 일기의 곳곳에 등장한다. 확실성과 무관한 이 혼동된 감정들이 증언하는 것이 바로 감정의 징후적 성격일 것이다.

　　그런데 전체주의 체제의 격리된 감정들, 나치 언어의 광포한 파토스를 관찰하고 기록한 클렘페러는 이에 맞서기 위해 감정을 최대한 절제하고 오로지 합리적인 어조만을 유지해야 했던 것은 아닐까? 그들의 격리된 감정에는 감정의 배제로 대응해야 했던 것은 아닐까? 증언의 가치는 감정의 농도를 낮출수록 높아지는 것이 아닐까? 이런 반문에 디디-위베르만은 감정과 이성이 서로 반비례하는 대립 관계를 형성하지 않는다고 답한다. 이때 그가 참조하는 것은 한나 아렌트의 다음과 같은 언급이다.

　　　감정이 없어야지 합리성이 생기거나 높아지는
　　　것이 아니다. '견딜 수 없는 비극'을 보면서

유지하는 '초연함과 차분함'은, 그것이 절제의
결과가 아니라 명백한 몰이해의 표명일 때
정말로 '끔찍한' 것일 수 있다. 합리적으로
응수하기 위해서는 우선은 '감동'을 겪어야
한다. 감정적인 것의 반대말은 어떤 의미로도
'합리적'인 것이 아니라, 보통 병리적인 현상인
감동 불능이거나 감정의 도착인 감상성이다.[13]

문헌학자 빅토르 클렘페러의 전문 분야는 18세기 프랑스 계몽주
의 문학이다. 그가 이성에 대한 믿음을 지니고 있었음은 의심의
여지가 없다. 실제로 그가 일기에서 나치의 언어를 분석하는 대목
들은 그의 치밀한 학자적 합리성을 여실히 드러낸다. 그러므로 그
가 합리적인 문헌학자로서뿐만 아니라 자기의 감정(과 타인의 감
정)을 집요하게 청취하고 기록하는 한 명의 개인으로서도 "끝까
지 증언"하고자 할 때, 이는 결코 그의 합리성을 희생하면서 나치
의 정서적 독재를 기술하려는 것이 아니며, 또한 어떤 나르시시
즘이나 감상주의의 발로도 전혀 아니다. 오히려 무감각과 무관심
이야말로 그가 가장 경계해야 하는 잘못된 '초연함과 차분함'이며
전체주의 언어가 야기하는 "감정 불능"의 상태이다. "이런 정서
적 상태는 바로 모든 정치적 독재가 겨냥하는 바를 가리킨다. 즉,
주체들이 모든 변화가 불가능하다고 느껴야만 하는 것이다. 이것
이 전체주의의 목적이다. 우리를 무감각하고 무관심하게 만들기

13 한나 아렌트, 『공화국의 위기』(1972), 김선욱 옮김,
     파주: 한길사, 2011, 215-216쪽.

[…]."(79쪽) 그렇다면 클렘페러가 감정들을 기록하고 증언하는 행위는 오히려 글쓰기로 이루어지는 어떤 저항의 제스처일 수 있다. 한나 아렌트는 인간의 존엄성이 위협받는 전체주의의 압제하에서는 이런 글쓰기가 차라리 더욱 '객관적인' 기술이라고 역설한다. "강제 수용소를 분노 없이(sine ira) 기술하는 것은 '객관적인' 것이 아니라 그것에 대해 눈감아 주는 것이다. […] 이런 의미에서 나는 수용소를 지상의 지옥으로 기술하는 것이 더욱 '객관적인' 것이라고, 즉 순수하게 사회학적이거나 심리학적인 진술보다 수용소의 본질에 더욱 적합한 것이라고 생각한다."[14] 이런 관점에서 클렘페러의 일기는 감정적이라는 이유로 객관성을 훼손당하기는커녕 오히려 대상의 본질에 훨씬 더 근접한 높은 차원의 객관성을 획득한 글쓰기가 된다.

6. 글쓰기로 분기하기

실제의 독재에 상응하는 정서의 독재에 내몰린 인간이 품을 수 있는 감정이란 대체로 절망스러운 것이다. 그의 주변은 형리와 죄수로 양분된 것처럼 보인다. 한편에는 잇따른 탄압을 행사하는 게슈타포의 망설임 없는 증오로 가득한 언사가 사납게 울리고, 다른 한편에는 점점 더 무감각해지고 무관심해지는 유대인 민중의 절망과 체념의 정서가 가득하다. 이 두 대립되는 언어와 사고는 전

---

14 한나 아렌트, 「에릭 푀겔린에게 보내는 답변」(1953),
홍원표, 임경석, 김도연, 김희정 옮김, 『이해의
에세이 1930-1954』, 서울: 텍스트, 2012, 622-623쪽.

혀 다른 파토스를 담고 있지만, 이것들은 각자 절대적 증오와 절대적 절망으로 귀착된다는 점에서 모두 '격리된 감정'이라고 할 수 있다. 문헌학자 클렘페러는 이 양편의 언어적 사실과 정서적 사실을 집요하게 기록한다. 하지만 그의 글쓰기가 증오와 절망의 격리된 감정을 관찰하고 기록하는 데 그치지는 않는다. '끝까지 증언하기'는 표면적인 수준에서 격리된 감정을 증언하는 것을 넘어서 그럼에도 불구하고 심층적인 차원에서 잔존하는 감정의 본질적인 분열까지 증언하는 일이다. 즉 권력의 시각에서는 부정의 대상이지만 역량의 차원에서는 여전히 미약하게나마 남아 있을 감정의 나눔과 '하지만'의 언어를 기어코 밝히는 일이다.

물론 클렘페러도 매 순간 절망한다. 디디-위베르만은 이 유대인 문헌학자의 일기가 "곤경의 글쓰기"로 펼쳐진다고 말한다.(76쪽) 교수직 박탈, 장서 압수, 도서관 출입 금지 등 지식인으로서의 삶도 곤경에 처했으며, 가정에서 부인과 서로 주고받는 감정도 우울과 절망이 대부분이고, 한 명의 시민으로서도 많은 권리를 박탈당한 데서 오는 곤경에 빠져 있었으며, 생명 자체가 위험에 처했다는 자각에서 오는 공포감이 그를 일상적으로 사로잡았다. 이와 같이 클렘페러가 겪는 개인적인 곤경의 감정은 어쨌거나 히틀러는 적법한 선거의 결과로 당선된 정치인이라는 사실을 떠올리며 정치적인 곤경의 감정과 겹쳐진다. 그의 실존과 사유의 모든 영역을 가로지르는 곤경의 감정은 그에게도 역시 무감각과 무관심의 관성을 심어주었고, 그 어떤 변화의 가능성도 엄두를 내지 못한 채 오로지 목숨을 보전하는 것만이 최상의 과제로 여겨지는 삶이 지속된다. 격리된 감정들이 나치 독재하의 시민들을 짓눌렀고, 클렘페러 역시도 예외가 아니었던 것이다. "먼저 그는 자

책하는 경향을 보인다. 그가 스스로 타인으로부터 격리되어 있다
고 느끼기 시작한 것이다, 모든 삶이 나눔을 위해 구축되어 있던
그였는데 말이다."(79쪽)

　　디디-위베르만이 주목하는 것은 이렇게 곤경의 감정이
총체적으로 지배하는 절망적인 상황 속에서 기어코 발견되는 어
떤 분기(bifurcation)의 장면이다. 곤경과 절망과 그로 인한 무감
각의 상태를 뒤흔들어 감성을 다시 회복하고 사유를 재시작하게
되는 그런 방향 전환의 장면 말이다. 달리 말하자면, 이는 격리된
감정에서 감정의 나눔으로 방향을 전환하려는 끈질긴 노력의 시
도이다. 나눔이 내부와 외부로 동시에 향하는 분리와 공유의 이중
운동인 것과 마찬가지로, 격리된 감정에서 감정의 나눔으로의 분
기도 내부의 자기 자신과 외부의 타자들을 향해 이중적으로 발생
한다.15

15　디디-위베르만은 헝가리 영화감독 라슬로 네메시의
　　영화 「사울의 아들」(2015)에 관해 감독에게 보내는
　　편지 형식으로 쓴 책에서 '분기'의 문제를 다룬 바
　　있다. 영화 속 주인공 사울은 아우슈비츠-비르케나우
　　수용소의 존더코만도 중 한 명이다. 체념과 절망으로
　　기계처럼 동족을 가스실로 집어넣고 사체들을
　　소각하던 사울은 수용소에서 자기의 아들(로 보이는
　　아이)의 사체를 소각하지 않고 유대인의 전통에 따라
　　매장하기로 결심하면서부터 자신의 안과 밖으로
　　이중의 분기를 겪게 된다. 조르주 디디-위베르만,
　　『어둠에서 벗어나기』(2015), 이나라 옮김, 서울: 만일,
　　2016, 51-83쪽 참조, 예컨대 55쪽: "당신의 이야기
　　속에서 나에게 사울은 분기하는 사내로 보였습니다.
　　그 자신으로부터 그리고 타자들로부터."

　　먼저, 자기 자신으로의 분기는 클렘페러의 일기 속에서 자기 자신의 무의식을 기록하는 여러 대목에서 발견된다. 그는 일기 속에 낮에 겪은 곤경의 일상뿐만 아니라 밤에 꾼 꿈도 함께 남긴다. 깨어 있는 상태의 언어를 연구하는 문헌학자 클렘페러가, 자신의 일기 속에서는 의식이 잠들었을 때 드러나는 내적 심리를 들여다보는 정신분석가이기도 한 것이다. 이와 같은 선택을 이끌어낸 그의 증언하고자 하는 욕망은, 의식의 수준에서 증언할 수 있는 견고하게 굳어진 절망과 곤경의 격리된 감정뿐만 아니라 무의식의 수준에서 잔존하는 취약하고 변증법적인 '하지만'의 또 다른 감정까지, 즉 '징후'로서 출현하는 감정까지 포괄한다. 정신분석학에서 징후는 '억압된 것의 회귀'와 관련된다. 무의식의 억압된 요소들은 의식과 분열된 채로 심층적으로 잔존하며, 징후는 억압된 것이 사후적으로 의식에 재출현한다는 사실의 지표이다.[16] 따라서 징후는 단순히 하찮은 것이 아니라 우리의 정서뿐만 아니라 정서의 분열까지 간직한 것이다. 디디-위베르만은 징후의 이런 역설적 특성을 강조하면서, 시각적 측면에서 징후는 "재현의 흐름"을 중단함으로써 "재현의 무의식"을 드러내고, 시간적 측면에서 징후는 "연대기적 역사의 흐름"을 중단함으로써 "역사의 무의식"을 드러낸다고 말한 바 있다.[17] 그렇다면 지금의 논의와 관련하여 징후는 정서의 독재를 중단함으로써 '감정의 무의식', '감정들의 진실'을 드러낸다고 말할 수 있을 것이다. 그리고 이 중단

16　지그문트 프로이트, 「억압에 관하여」(1915), 윤희기 옮김, 『정신분석학의 근본 개념』, 파주: 열린책들, 2003(재판), 148쪽.

17　Georges Didi-Huberman, *Devant le temps*, op. cit., p. 40.

의 순간, 회귀의 순간을 알리는 언어적 표지가 '하지만'일 것이다.

　　자기 자신으로의 분기는 타자로의 분기로 이어진다. 클렘페러는 어떻게 곤경의 글쓰기를 외부의 타자를 향한 나눔의 언어로 분기시키는가? 디디-위베르만은 말한다. "『일기』에서 가장 많이 사용된 단어 중 하나는 아마도 '욕지기'(Ekel)라는 단어일 것이다."(84쪽) 클렘페러가 전체주의 사회에서 끊임없이 겪은 탄압을 생각해 볼 때 욕지기는 그가 처한 절망의 감정에 정확히 상응하는 반응일 것이다. 디디-위베르만에 따르면, 클렘페러는 이 불쾌하고 생리적인 감정을 '수치'의 감정과 결합함으로써 타인을 향한 분기를 이루어낸다. 이 분기는 욕지기를 이분화하면서 진행된다. 먼저, 감각으로서의 욕지기, 즉 전체주의의 대기 속에서 즉각적으로 신체가 반응하는 그런 욕지기가 있다. 그리고, 감정으로서의 욕지기, 즉 수치와 연결되는 사회적이고 윤리적인 차원의 욕지기가 있다. 이때 후자의 욕지기와 연결되는 수치는 프리모 레비가 『가라앉은 자와 구조된 자』에서 "한 명의 인간이라는 수치"라는 표현으로 제기한 전체주의에 대한 감정과 정확히 겹치는 것이다.[18] 말하자면 책임감을 환기시키는 감정으로서의 수치, 자신뿐만 아니라 타인을 향한 감정의 나눔으로서의 수치와 이어지는 것이다. 이런 의미에서 클렘페러는 욕지기의 감정을 공동체를 향한 감정의 나눔으로 분기시킨다. 디디-위베르만은 이처럼 "그의 고유한 고통을 격리되지 않는 무언가로, 나눔을 지향할 수 있는 무언가로 전치"시키려는 클렘페러의 노력을 강조하면서 "이는 타인에게 전달

18　프리모 레비, 『가라앉은 자와 구조된 자』(1986),
　　이소영 옮김, 파주: 돌베개, 2014, 81-103쪽.

되는 감정의 분기로, 즉 욕지기에서 수치로, 그리고 분노로 이어지는 분기로 시작될 수 있다"고 덧붙인다.(87쪽) 결국 감정의 분기가 가닿은 분노는, 앞서 우리가 한나 아렌트의 언급에서 봤듯이, 전체주의의 역사를 더욱 '객관적인', 즉 타인을 향한 나눔에 가장 적합한 방식으로 기술하기 위해 필수적으로 요청되는 감정이다.

7. 징후를 듣고 이야기를 전하기

"그렇지만 나는 글쓰기를 계속한다. 이것이 내가 지닌 영웅주의다. 나는 증언하고 싶다, 정확한 증언을! […] 나는 마치 생존을 확신하는 것처럼 기필코 마지막 순간까지 살고 싶고 일하고 싶다. 이에 대해 나는 오로지 아주 약한 희망만을 가지고 있다."(104쪽) 클렘페러가 '곤경의 글쓰기'를 자기의 안과 밖으로 분기시켜서 얻어낸 것은 "아주 약한 희망"이다. 실제의 독재와 상응하는 정서의 독재가 부과하는 '하지만'과 나눔을 부정하는 언어, 자기 자신뿐만 아니라 타인으로부터도 격리된 감정이 일상화된 현실 속에서, 그럼에도 불구하고 나눔을 지향하는 정서로의 분기를 통해 클렘페러는 보잘것없어 보이나 귀중한 희망을 간직한다. 그와 같은 시기에 같은 절망에 시달려야 했던 다른 여러 유대인 사상가들도 이 미비한 희망을 기어코 긍정하고자 했다. 예컨대, 발터 벤야민은 역사철학에 관한 테제에서 "우리에게는 우리 이전에 존재했던 모든 세대와 약한 메시아의 힘이 함께 주어져 있는 것", "미래 속의 매초는 메시아가 들어올 수 있는 좁은 문"을 긍정한다.[19] 디디-

---

19　발터 벤야민, 「역사의 개념에 대하여」(1940), 최성만

위베르만은 말한다. "클렘페러가 처한 상황 속에서 희망이란 절망의 동토(凍土) 사이에 생긴 간격이나 틈새나 단순한 균열일 수밖에 없다."(110쪽)

이들이 지독한 절망과 곤경 속에서도 끝끝내 찾아내고야 마는 "아주 약한 희망", 희미한 희망의 빛을 어떻게 이해해야 할 것인가? 이것은 아무리 절망적인 상황에서도 희망의 씨앗이 어디선가 열매를 맺을 것이라는 따위의 우연적인 낙관론에 불과한 것일까? 가장 어두운 곳에서도 꿋꿋하게 작은 불을 밝혀 장차 어둠을 몰아내야 한다는 따위의 능동적인 의지를 강조하는 주장으로 받아들여야 할까? 그렇지 않다. 디디-위베르만은 우리가 앞서 인용한 대목에서 "감정들이 우리를 나눈다"라고 썼다. 우리가 감정들을 나누는 것이 아니라 감정들이 우리를 나눈다. 우리가 정서적 존재로 살아가고 꿈꾸고 욕망하는 존재로 살아가는 한에서 감정들이 언제나 우리를 나눈다. 프로이트는 무의식적 욕망의 "파괴할 수 없는" 성격을 일관되게 주장했다. 그러므로 가장 엄혹한 절망과 독재의 시간에도 우리의 감정이 필연적으로 우리를 안과 밖으로 나눈다. 즉, 아무리 빈곤하고 과장된 언어로 사태를 단순화하려고 해도 언제나 말해지지 않은 것이 나뉘어 존재하며, 아무리 감정을 자아의 안과 밖의 타자로부터 격리시키려고 해도 '징후'로서의 감정이 억압된 것으로서 파괴되지 않은 채 남아서 사후적으로 회귀한다.[20] 그러므로 "아주 약한 희망"이란 우리가 능동

옮김, 『역사의 개념에 대하여/폭력비판을 위하여/초현실주의 외』, 서울: 도서출판 길, 2008, 332, 350쪽.

[20] 지그문트 프로이트, 『꿈의 해석』(1900), 김인순 옮김, 파주: 열린책들, 2003(신판), 714쪽: "꿈을 꾸는

적으로 발명해 내는 무언가가 아니라 주의를 기울여 수동적으로 (재)발견해 내는 것이다.

이런 의미에서 '끝까지 증언하는 사람'이란 무엇보다도 먼저 집요하게 듣는 사람이다. 그는 게슈타포의 추악한 언어를 그럼에도 불구하고 끝까지 들을 뿐만 아니라 들리지 않는 민중의 목소리를 기어코 감각하려 한다. "민중의 목소리는 '목소리'도 아니고 '민중'도 아니다. 더 이상 주권적 민중의 자유로운 목소리가 아니라 예속된 대중의 배제된 목소리다."(52쪽) 전체주의의 탄압 속에서 억압을 넘어서 심지어 배제된 목소리마저도 약한 신호로 감지해 낼 수 있는 감각이 '끝까지 증언하는 사람'에게 요청된다. 빅토르 클렘페러가 매 순간 감시와 수색의 공포에 시달리면서도 끝까지 일기를 써나간 것은 일차적으로는 자기 자신의 감정을 듣기 위해서이다. 그가 글쓰기라는 고독의 시간으로 후퇴한 것은 결코 도피나 고립으로 이해되어서는 안 된다. 그는 글쓰기의 시간 속에서 그의 꿈을 듣고 그의 상상을 들으며 격리된 감정들로 가득한 그의 자아 속에서 '아주 약한' 타자성의 신호를 듣는다. 이렇게 그의 안에서 감정-징후의 나눔이 이루어지고, 언제나 나눔은 안과 밖으로 동시에 이루어지므로 외부의 타인들과 공통의 것을 나누게 된다. 디디-위베르만은 이처럼 감각할 수 있는 증인인 클렘페러를 두고 "징후의 청취자"라고 칭한다.(132쪽)

하지만 증인이 단지 청취하기만 하는 사람인 것은 아니다. 증인은 청취한 것을 타인에게 전달해야 한다. 그는 증언하

사람이 현재의 것으로 받아들이는 미래는 파괴할 수 없는 소망에 의해 과거와 닮은 모습으로 형성된다."

고자 하는 욕망과 의무를 떠맡은 자이다. 그는 '사건'으로서의 실제적 사실뿐만 아니라 더 중요하게는 '징후'로서의 언어적 사실, 정서적 사실, 그리고 징후의 고유한 사후성의 시간, 시대착오의 시간까지 전달해야 한다. 따라서 그가 전하는 증언은 공식적 역사 뒤편의 '역사의 무의식'이고, 격리된 감정 뒤편의 '감정의 무의식'이다. 이런 관점에서 봤을 때, 클렘페러는 언어적 사실에서 말해지지 않은 것을 기술하는 자이자, 정서적 사실에서 억압된 것을 분석하는 자이며, 대문자 역사에서 누락된 단편들을 기록하는 자이다. 이렇듯 취약하고 복합적인 것들을 다루는 증인의 전범을 디디-위베르만은 벤야민의 "이야기꾼"에서 찾으며, 클렘페러가 구사하는 이야기의 기예에 관해서 "최대한의 엄밀함으로 하나하나 기술된 천 가지 작은 사물들의 몽타주에 근거한" 것이라고 말한다.(133쪽) 이야기란 증인이 청취한 수많은 것들을 타인에게 전달 가능한 것으로 만드는 행위란 점에서 몽타주와 다르지 않은 것이다. 이렇게 전달된 클렘페러의 증언, 즉 이야기는 우리를 위한 자원이 된다. 전체주의를 이해하기 위한 역사적 자원, 문헌학적 자원, 인류학적 자원일 뿐만 아니라 또한 "우리 자신이 하지만 없는 감정의 덫에 빠지지 않기 위한 정서적 자원"이 된다.(136쪽)

결국 '끝까지 증언하는 사람'이란 징후로 존재하는 사물들을 감각할 수 있는 증인이자 그것들을 몽타주를 통해 타인에게 전달할 수 있는 이야기꾼이다.

8. 나가며

디디-위베르만은 『끝까지 증언하는 사람』 이전의 저작에서도 빅토르 클렘페러를 몇 차례 언급한 적이 있다. 예컨대 그는 2009년 저작 『반딧불의 잔존』에서 빅토르 클렘페러의 『LTI』에 대해 다음과 같이 말했다. "이 작업[『LTI』]에서 언어를 해명하는 일이란 지하운동의 필연적인 어둠 속에서 나치 프로파간다가 부과하는 사나운 '서치라이트-말'에 '반딧불-말'로 가하는 반격이 되었던 것이다."[21] 이런 언급이 디디-위베르만의 이론 내에서 이미지, 언어, 정서의 관계를 유추할 수 있는 단서를 제공한다.

  『반딧불의 잔존』에서 디디-위베르만이 주된 분석의 대상으로 삼은 것은 이미지 개념인데, 이때 이미지는 반딧불의 은유

---

21 조르주 디디-위베르만, 『반딧불의 잔존』(2009),
  김홍기 옮김, 서울: 도서출판 길, 2012, 127쪽. 또한
  디디-위베르만은 2012년의 저작 『민중들의 이미지』에서
  빅토르 클렘페러가 분석한 전체주의 언어를
  언급하면서, 착취자가 자신의 어휘를 피착취자에게
  부과하는 거듭된 현실 속에서 언어적 차원의 저항이
  중요하다고 역설했다. 조르주 디디-위베르만, 『민중들의
  이미지』, 앞의 책, 28쪽: "그러므로 이런 언어에
  저항해야 한다—언어 속에서 언어의 이런 용법들에
  저항해야 한다. 적이 일부러든 아니든 간에 그 의미를
  변질시키면서 전유하고자 하는 단어들—말하자면
  생각, 영토, 가능성—을 적에게 내맡기지 않아야 한다."
  여기서 언급된 '언어 속에서 저항하기'가 보다 심화되고
  확장되어 '정서적 사실의 증언'과 결합된 결과가
  『끝까지 증언하는 사람』인 것으로 보인다.

를 통해서 제시된다. 그는 반딧불(lucciola)의 이탈리아어 원뜻이 '약한 빛'인 것에 주목하여, 강한 빛과 약한 빛, 서치라이트와 반딧불의 대립을 설정하고, 이미지가 반딧불과 같이 취약한 것이라고 주장한다. "이미지는 산발적이고, 취약하고, 끊임없이 반복적으로 출현하고, 소멸하고, 재출현하고, 재소멸한다. […] 이미지는 거의 아무것도 아니다. 그것은 잔여 또는 균열이다. 그것은 시간의 어떤 우발성이고, 그것이 시간을 일시적으로 볼 수 있거나 읽을 수 있는 것으로 만든다."[22] 그러므로 그에게 이미지란 우리 눈앞에 보이는 모든 가시적인 대상을 지칭하는 명사가 아니다. 강한 빛에 가려져 거의 보이지 않는 약한 빛, 희번덕한 서치라이트에 쫓겨 멸종될 위기를 겪으면서도 산발적으로 명멸하는 반딧불이 같은 것이 디디-위베르만이 주목하는 이미지이다. 이런 의미에서 반딧불은 착취자를 비추는 최상급의 과장된 광휘에 가려진, 거의 아무것도 아닌 것으로 취급받는 피착취자들, 즉 민중의 은유이기도 하다.

그런데 그가 이렇게 서치라이트와 반딧불의 대립으로 해명하고자 한 것이 단지 시각적 차원의 이미지뿐이었던 것은 아니다. 위에서 인용했듯이 그가 클렘페러의 일기에서 발견한 것이 다름아닌 나치 프로파간다의 '서치라이트-말'에 반격을 가하는 '반딧불-말'이었기 때문이다. 즉, 그에게 언어는 이미지와 마찬가지로 반딧불과 같은 약한 빛으로 출현한다. 전체주의 독재가 끊임없이 언어를 단순하고 견고하게 만들어 말의 뉘앙스와 망설임을 불허하더라도, 강한 빛을 피해 나눔과 욕망을 실현하는 미약한 반딧불 같은 언어가 발견된다는 것이다. 더욱이 언어는 인간의 감정을

22 조르주 디디-위베르만, 『반딧불의 잔존』, 84-85쪽.

간직하고 내보내는 매체이므로 우리는 감정에 대해서도 '서치라이트'와 '반딧불'의 대립을 적용할 수 있다. 전체주의 세계의 정서적 독재가 사물화된 감정, 증오나 절망으로 격리된 감정, 즉 '서치라이트-감정'을 부과하는 와중에도, 그럼에도 불구하고 잔존하는 나눔의 감정, '하지만'의 감정, 자기 안과 밖으로 분열하며 춤추는 '반딧불-감정'이 미광을 발산한다.

그러므로 디디-위베르만에게 이미지, 언어, 감정은 서로 무관한 것이 아니다. 이것들은 모두 역사 속에서 억압되었으나 반드시 회귀하고야 마는, 파괴할 수 없는 것이다. 즉, 기어코 징후로서 출현하는 시각적 대상, 언어적 대상, 정서적 대상인 것이다. 이미지의 역사, 이미지의 인류학을 주로 다루던 디디-위베르만은 이제 정치적 상상력에 기반을 둔 언어의 문제, 본격적인 정서의 문제까지 파고들고 있다. 그의 관심은 이행했다기보다는 확장되었다고 말해야 한다. 이미지, 언어, 감정이 공통되게 징후의 문제로 귀결되기 때문이다. 그는 징후를 듣고 이야기를 짓는다. 스스로가 끝까지 증언하는 사람이 되고자 하는 것이다.

조르주 디디-위베르만

철학자, 미술사학자. 파리 사회과학고등연구원에서 연구하고 강의한다. 『히스테리의 발명: 샤르코와 살페트리에르의 사진 도상학』(1982)을 시작으로 50여 권의 책을 출간하며 이미지 개념에 관한 독특하고 풍부한 사유를 개진했다. 아비 바르부르크와 발터 벤야민의 충실하고 독창적인 독해를 통해, 르네상스부터 오늘날까지 회화, 조각, 사진, 영화 등 다양한 시대와 매체의 이미지를 감정, 시간, 역사, 기억, 정치 등 다각적 측면에서 이론화해 왔다. 주요 저작으로 『프라 안젤리코: 비유사성과 형상화』(1990), 『이미지 앞에서』(1990), 『시간 앞에서』(2000), 『잔존하는 이미지』(2002), 『이미지, 그럼에도 불구하고』(2004) 등이 있다. 또한 『장소의 우화』(2001), 『아틀라스』(2010), 『봉기』(2016) 등 그의 연구 주제와 관련한 여러 전시를 기획했다. 개념적 엄밀함과 시적 상상력이 결합된 독특한 문체의 연구 성과를 인정받아 아도르노상(2015), 바르부르크상(2020), 메디시스상(2022) 등을 수상했다.

김홍기

서울과 파리에서 미술사, 철학, 미학을 공부했고, 소르본 누벨 대학교에서 미학 전공으로 박사 학위를 받았다. 주로 동시대 예술에 관련한 글을 짓거나 옮긴다. 지은 책으로 『지연의 윤리학』(2022)이, 옮긴 책으로 『반딧불의 잔존』(2012), 『1900년 이후의 미술사』(2016, 공역), 『면세 미술』(2021, 공역)이 있다.

끝까지 증언하는 사람: 빅토르 클렘페러 읽기

조르주 디디-위베르만
김홍기 옮김

1판 1쇄 발행 2026년 1월 23일

발행. 워크룸 프레스
편집. 박활성
디자인. 유현선
제작. 세걸음

워크룸 프레스
서울시 종로구 자하문로19길 25, 3층
전화. 02-6013-3246
wpress@wkrm.kr
www.workroompress.kr

ISBN 979-11-94232-22-3 (03100)
값 17,000원

Cet ouvrage, publié dans le cadre du Programme
d'aide à la Publication Sejong, a bénéficié du
soutien de l'Institut français de Corée du Sud—
Service culturel de l'Ambassade de France en
République de Corée.

이 책은 주한 프랑스대사관 문화과의 세종 출판
번역 지원프로그램의 도움을 받아 출간되었습니다.

AMBASSADE
DE FRANCE
EN RÉPUBLIQUE
DE CORÉE
Liberté
Égalité
Fraternité

주한
프랑스
대사관

문화과